SALADES REPAS SANS BLA BLA

SALADES REPAS SANS BLA BLA

LAROUSSE

SOMMAIRE

SALADES VEGGIES

01 Salade de melon et courgettes
02 Taboulé de maïs
03 Taboulé de quinoa
04 Salade d'avocat et agrumes
05 Salade de chou à l'avocat
06 Salade de brocolis au wasabi
07 Salade de courge aux noix de pécan et cranberries
08 Salade de haricots blancs aux carottes
09 Salade de quinoa aux tomates et à la feta
10 Salade antipasti express
11 Burrata verdura
12 Salade de lentilles aux œufs
13 Salade à l'halloumi grillé
14 Salade sucrée-salée de pommes de terre et chèvre
15 Salade de blé en herbes
16 Salade d'endives au bleu et aux graines
17 Salade complète aux 3 féculents et 3 légumes
18 Salade de pois chiches à la feta et à l'avocat
19 Salade aux poires et au gorgonzola
20 Salade de tomates à l'italienne
21 Salade méchouia
22 Kimchi coréen
23 Salade de carottes à l'orientale
24 Salade de riz aux fruits exotiques
25 Boulgour, betterave et œufs mollets
26 Lentilles, légumes du soleil et feta
27 Pâtes, tomates, courgette, haricots et basilic
28 Pois chiches au paprika, quinoa, œufs mollets et betterave
29 Pois chiches, avocats et grenade, sauce au sésame
30 Tofu fumé, lentilles, patates douces et avocat
31 Riz complet, carotte, avocat, houmous et courgette
32 Taboulé de semoule aux légumes
33 Salade de pastèque, concombre et feta
34 Salade de sarrasin aux poivrons
35 Salade tiède toute verte
36 Salade de chou kale, avocat et noix
37 Salade de quinoa, oranges et grenade
38 Salade de lentilles, grenade, betterave, œufs durs
39 Salade de pâtes aux betteraves et au poivron
40 Salade tartare betteraves et chèvre

SALADES CARNIVORES

41 Brochettes de keftas et salade de tomates
42 Wok de bœuf aux vermicelles et au brocoli
43 Salade de pot-au-feu
44 Tagliata de bœuf
45 Salade de bœuf à l'asiatique
46 Tataki de bœuf, quinoa et pamplemousse
47 Façon pad thaï au bœuf et crème d'avocat
48 Salade landaise
49 Salade tiède aux œufs de caille et au jambon

50 Pommes de terre, petits pois et jambon
51 Salade forestière au saucisson
52 Salade de pâtes ensoleillées
53 Tagliatelles de courgettes carbonara
54 Salade exotique bresaola et trévise
55 Salade bo bun
56 Salade de pâtes au poulet et à la roquette
57 Salade de poulet aux fromages
58 Poulet, quinoa, avocat et épinards
59 Poulet mariné, pois gourmands, épinards et radis
60 Façon cobb salad
61 Poulet et pois chiches à la harissa
62 Salade d'asperges, haricots et dinde
63 Bowl dinde, pickles et champignons
64 Salade de dinde aux fruits secs
65 Salade fattouche

SALADES DE LA MER

66 Salade de riz rouge, saumon et fenouil
67 Salade de saumon aux légumes d'hiver
68 Saumon mariné, chou rouge, ananas et edamames
69 Tartare de saumon, crudités, riz blanc et avocats
70 Mi-cuit de saumon, avocats et quinoa
71 Lentilles, saumon fumé, œuf mollet et carmine
72 Salade de choucroute crue et truite fumée
73 Pommes de terre et truite fumée
74 Salade de thon au quinoa, haricots verts et tomates
75 Salade de riz et de thon sucrée-salée
76 Salade de thon
77 Nouilles soba, thon mariné et crudités
78 Salade de pois chiches au thon
79 Salade de la mer
80 Salade vapeur cabillaud et asperges
81 Trio de haricots et sardines
82 Salade de pâtes à la sicilienne
83 Poke dorade et ananas
84 Crevettes grillées aux pêches et pistaches
85 Salade d'avocat aux crevettes et à la mangue
86 Salade d'avocats, asperges et crevettes
87 Crevettes, betterave et nems façon bo bun
88 Millet, crevettes, mangue, concombre et avocat
89 Salade de crabe et vinaigrette citron-miel

SALADES DESSERTS

90 Salade de fruits au muesli
91 Salade de quinoa aux fruits rouges
92 Salade de fraises, concombre et menthe
93 Salade mojito
94 Salade d'oranges aux brisures de meringue
95 Salade de melon et de pastèque
96 Salade de fruits d'été
97 Salade multivitaminée
98 Tapioca aux agrumes
99 Salade de fraises à la chantilly et amandes grillées
100 Nage d'agrumes à la menthe

INTRODUCTION

PARCE QUE NOS VIES TRÉPIDANTES NE NOUS PERMETTENT PAS DE PERDRE DU TEMPS EN CUISINE, NOUS VOUS OFFRONS 100 RECETTES DE SALADES, À SAISIR EN UN CLIN D'ŒIL !

Vous avez envie de cuisiner, mais pas le temps de déchiffrer 25 lignes de recettes ?

Vous voulez bien acheter des endives et des crevettes, mais n'avez aucune idée de comment les préparer ? Vous adorez déguster des salades fraîches, mais l'idée de passer plus de 30 minutes en cuisine vous démotive à chaque fois ? Découvrez donc vite 100 recettes instinctives à comprendre et très faciles à réaliser pour vous régaler au quotidien ! Ici, vous ne trouverez que l'essentiel : additionnez les + et suivez les flèches ; aussi sûr que 1 + 1 font 2, ces 100 recettes et vous allez faire des merveilles !

LA FORMULE EST SIMPLE : suivez les images, vous obtiendrez la recette. Bienvenue dans la cuisine de la simplicité !

01 SALADE DE MELON
et courgettes

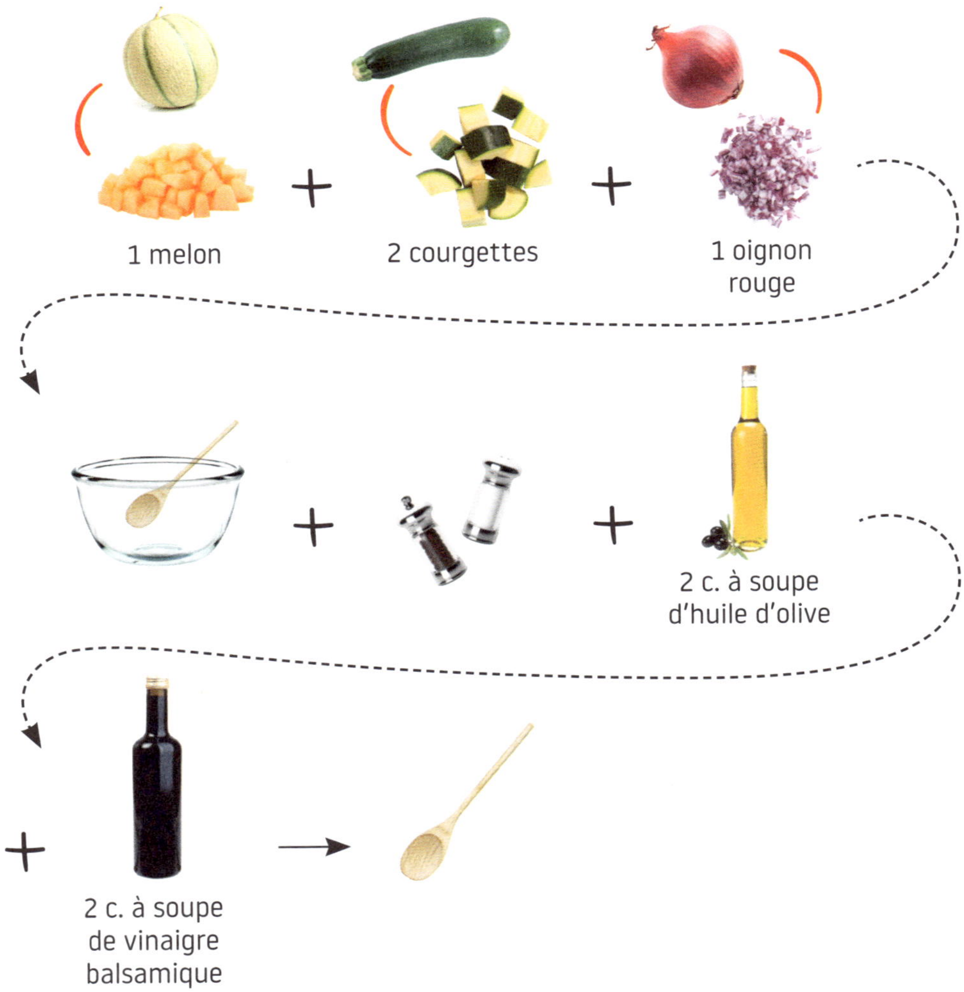

POUR 4 PERSONNES
PRÉPARATION : 15 MINUTES

- 1 melon
- 2 courgettes
- 1 oignon rouge
- Vinaigre balsamique
- Huile d'olive

02 TABOULÉ

de maïs

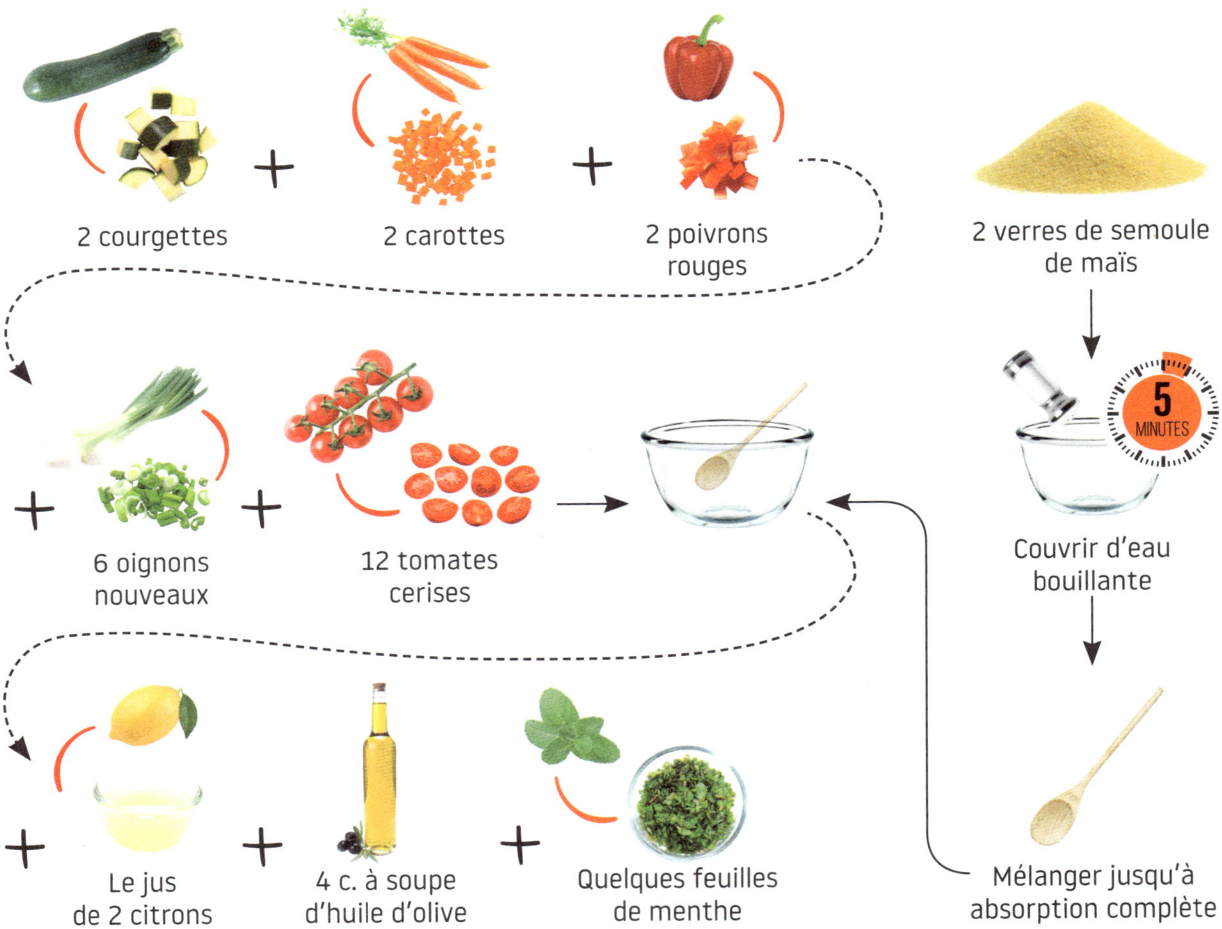

POUR 4 PERSONNES
PRÉPARATION : 20 MINUTES
CUISSON : 5 MINUTES

- 2 verres de semoule de maïs
- 2 courgettes
- 2 carottes
- 2 poivrons rouges
- 6 oignons nouveaux
- 12 tomates cerises
- 2 citrons
- Quelques feuilles de menthe
- Huile d'olive

03 TABOULÉ
de quinoa

POUR 4 PERSONNES
PRÉPARATION : 10 MINUTES
CUISSON : 10 MINUTES

- 300 g de quinoa
- 250 g de tomates cerises
- 1 bocal de tomates séchées
- 1 bocal de feta
- Quelques feuilles de persil
- Vinaigrette

04 SALADE D'AVOCAT
et agrumes

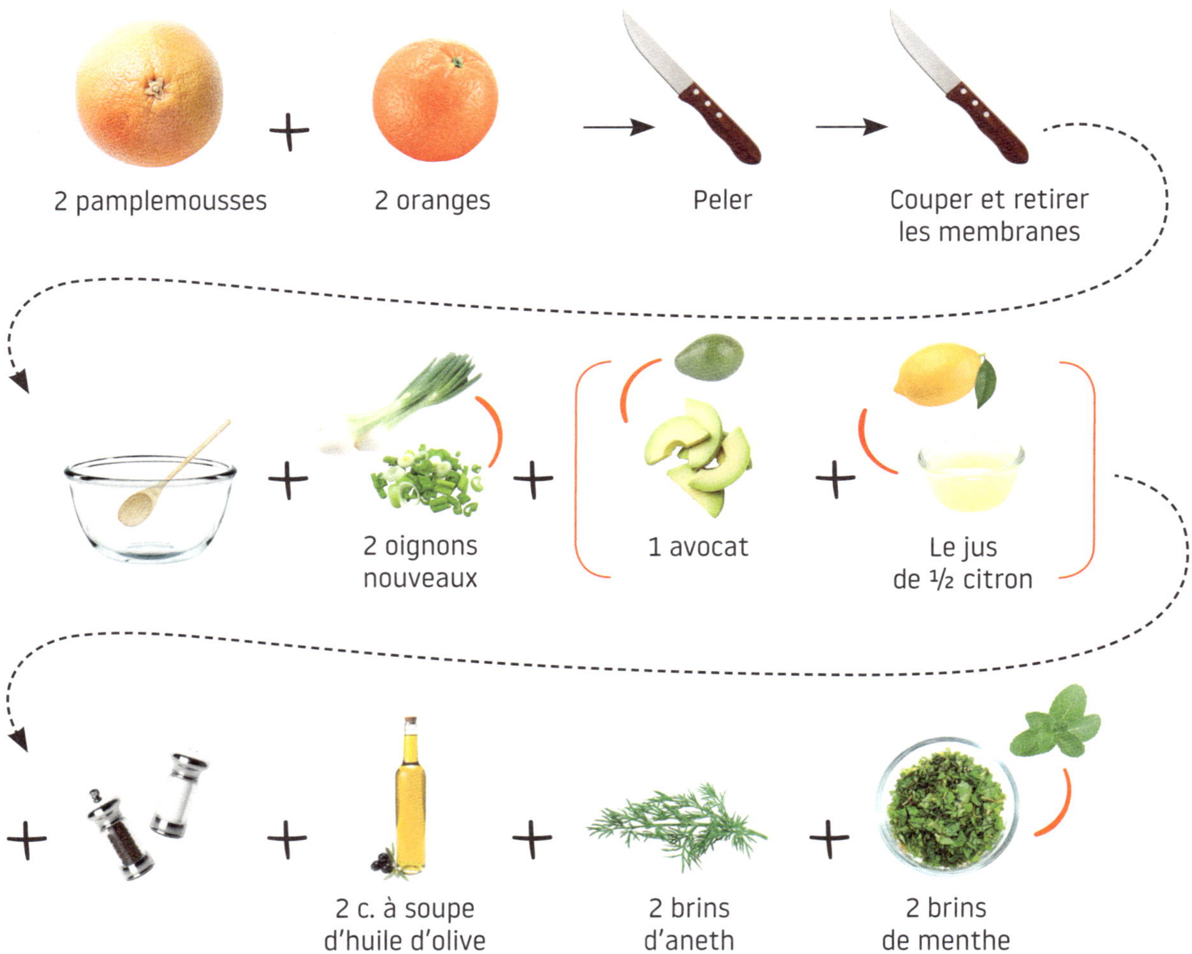

POUR 4 PERSONNES
PRÉPARATION : 15 MINUTES

- 2 pamplemousses
- 2 oranges
- 2 oignons nouveaux
- 1 avocat
- ½ citron
- 2 brins d'aneth et de menthe
- Huile d'olive

05 SALADE DE CHOU
à l'avocat

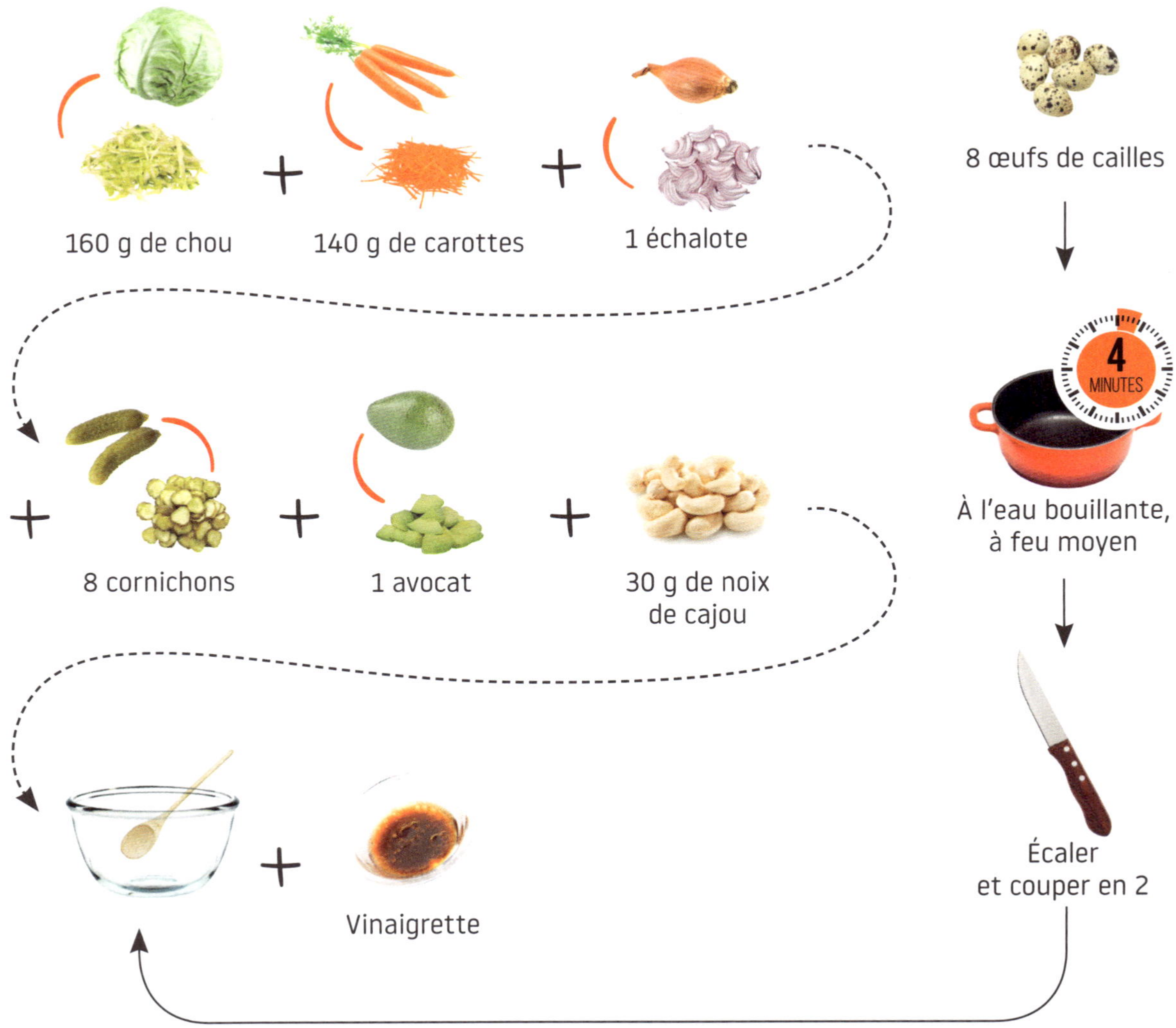

POUR 4 PERSONNES
PRÉPARATION : 15 MINUTES
CUISSON : 4 MINUTES

- 8 œufs de cailles
- 160 g de chou
- 140 g de carottes
- 1 échalote
- 8 cornichons
- 1 avocat
- 30 g de noix de cajou
- Vinaigrette

06 SALADE DE BROCOLIS
au wasabi

POUR 8 PERSONNES
PRÉPARATION : 25 MINUTES
CUISSON : 5 MINUTES

- 2 têtes de brocoli
- 2 c. à soupe de mayonnaise
- 1 c. à café de pâte de wasabi
- 4 c. à soupe de petits pois au wasabi

07 SALADE DE COURGE

aux noix de pécan et cranberries

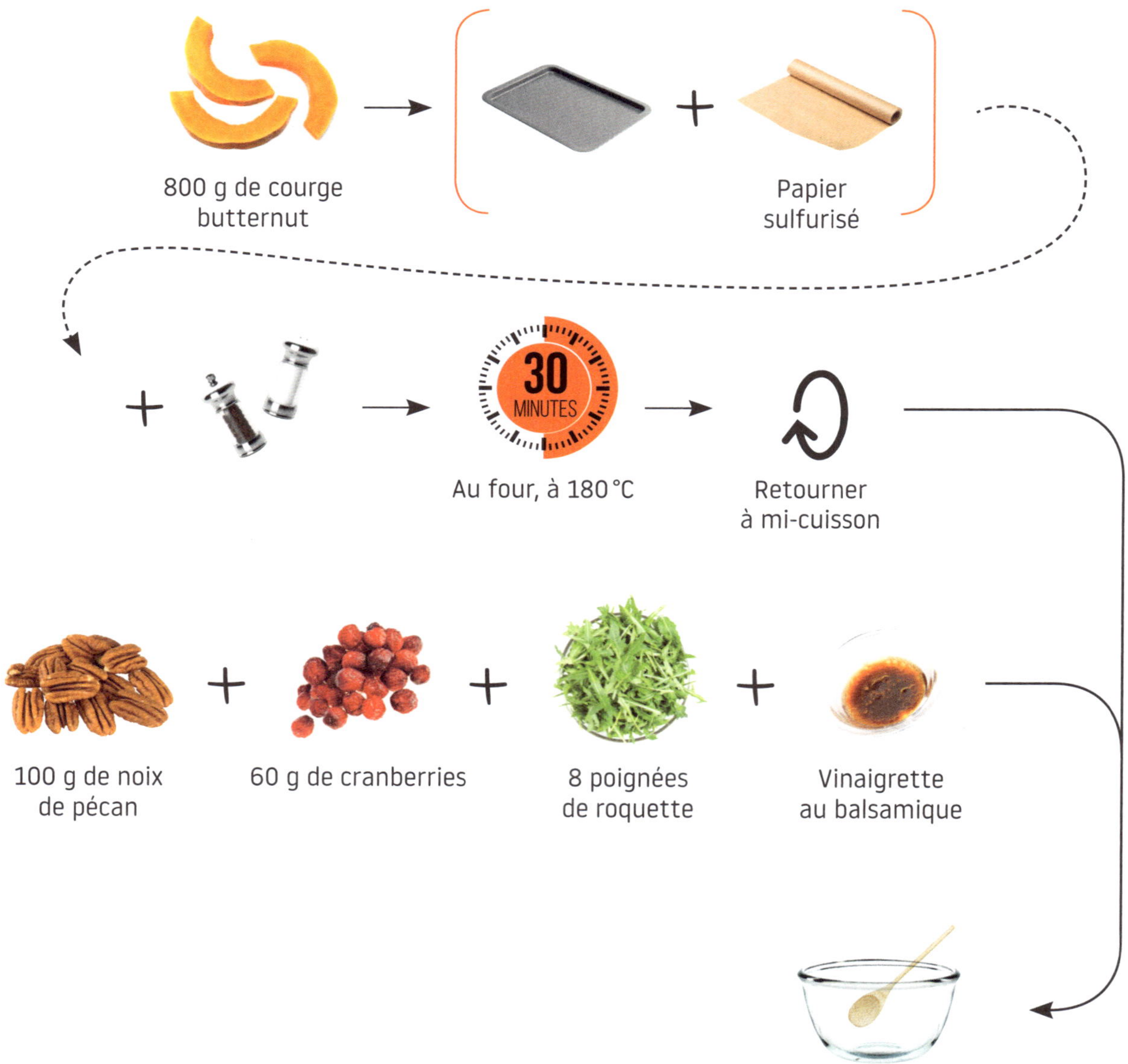

POUR 4 PERSONNES
PRÉPARATION : 15 MINUTES
CUISSON : 30 MINUTES

- 800 g de courge butternut
- 100 g de noix de pécan
- 60 g de cranberries
- 8 poignées de roquette
- Vinaigrette au balsamique

08 SALADE DE HARICOTS *blancs aux carottes*

POUR 4 À 6 PERSONNES
PRÉPARATION : 15 MINUTES

- 500 g de haricots blancs en boîte
- 3 carottes
- 2 oignons nouveaux
- 1 c. à soupe de persil
- 1 c. à soupe de coriandre
- 1 c. à soupe de câpres
- Vinaigrette

09 SALADE DE QUINOA
aux tomates et à la feta

200 g de quinoa rincé

→

À l'eau bouillante, à feu moyen

→

Couvrir et laisser gonfler

→

Rincer à l'eau froide

\+

200 g de feta

\+

2 tomates jaunes

\+

2 c. à soupe d'olives vertes dénoyautées

\+

4 brins de menthe

\+

4 c. à soupe d'huile d'olive

\+

→

POUR 4 PERSONNES
PRÉPARATION : 10 MINUTES
CUISSON : 15 MINUTES
REPOS : 10 MINUTES

- 200 g de quinoa
- 200 g de feta
- 2 tomates jaunes
- 2 c. à soupe d'olives vertes dénoyautées
- 4 brins de menthe
- Huile d'olive

10 SALADE ANTIPASTI

express

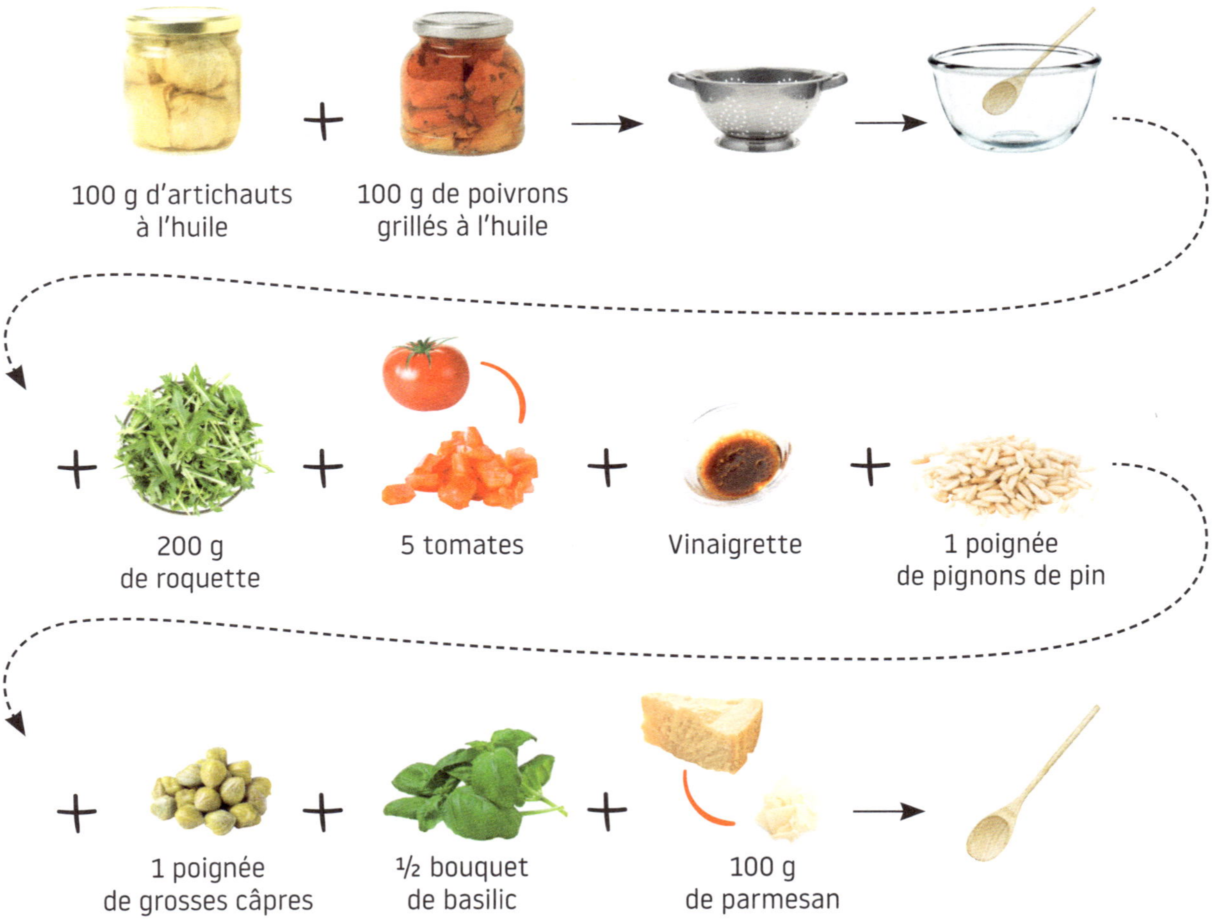

POUR 4 PERSONNES
PRÉPARATION : 15 MINUTES

- 100 g d'artichauts à l'huile
- 100 g de poivrons grillés à l'huile
- 200 g de roquette
- 5 tomates
- 1 poignée de pignons de pin
- 1 poignée de grosses câpres à queue
- ½ bouquet de basilic
- 100 g de parmesan
- Vinaigrette

11 BURRATA

verdura

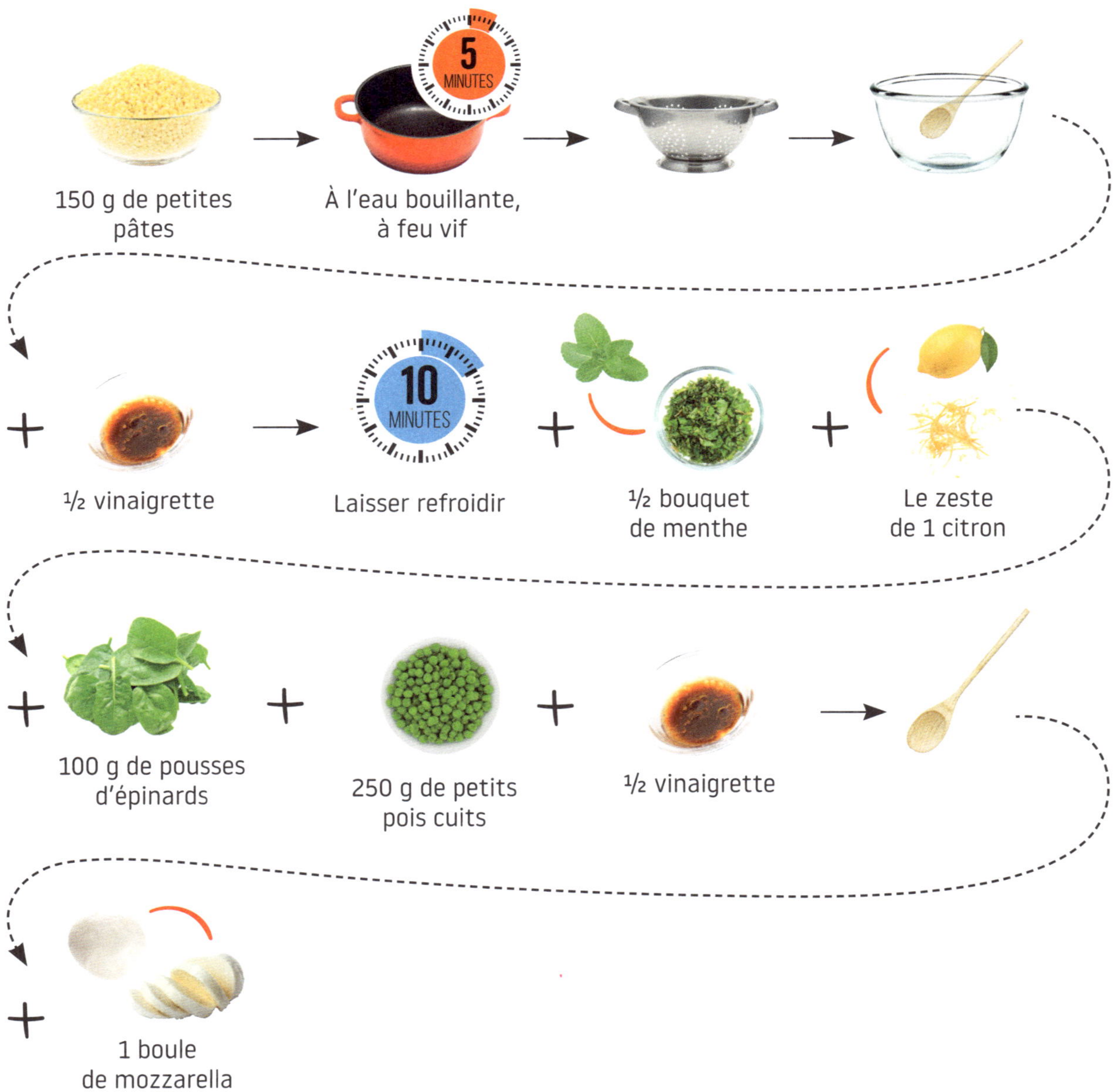

POUR 4 PERSONNES
PRÉPARATION : 15 MINUTES
CUISSON : 5 MINUTES
REPOS : 10 MINUTES

- 150 g de petites pâtes
- ½ bouquet de menthe
- 1 citron
- 100 g de pousses d'épinards
- 250 g de petits pois cuits
- 1 boule de mozzarella
- Vinaigrette

12 SALADE DE LENTILLES

aux œufs

POUR 4 PERSONNES
PRÉPARATION : 15 MINUTES
CUISSON : 10 MINUTES

- 4 œufs
- 300 g de lentilles cuites
- 3 carottes
- Quelques feuilles de salade
- 30 cerneaux de noix
- Quelques brins de persil
- Vinaigrette à l'huile de noix

13 SALADE À L'HALLOUMI *grillé*

¼ de chou blanc

\+

2 pommes

\+

30 g de noix

→

\+

3 c. à soupe d'huile d'olive

\+

1 c. à soupe de vinaigre de Xérès

\+

1 c. à café de moutarde à l'ancienne

→

200 g de halloumi

→

Couper en tranches

\+

1 c. à soupe d'huile d'olive

→

De chaque côté, à feu moyen

\+

1 c. à soupe de graines de sésame

→

SERVIR ENSEMBLE

POUR 4 PERSONNES
PRÉPARATION : 15 MINUTES
CUISSON : 4 MINUTES

- ¼ de chou blanc
- 2 pommes
- 30 g de noix
- 200 g de halloumi
- 1 c. à soupe de graines de sésame
- Moutarde à l'ancienne
- Vinaigre de Xérès
- Huile d'olive

14 SALADE SUCRÉE-SALÉE

de pommes de terre et chèvre

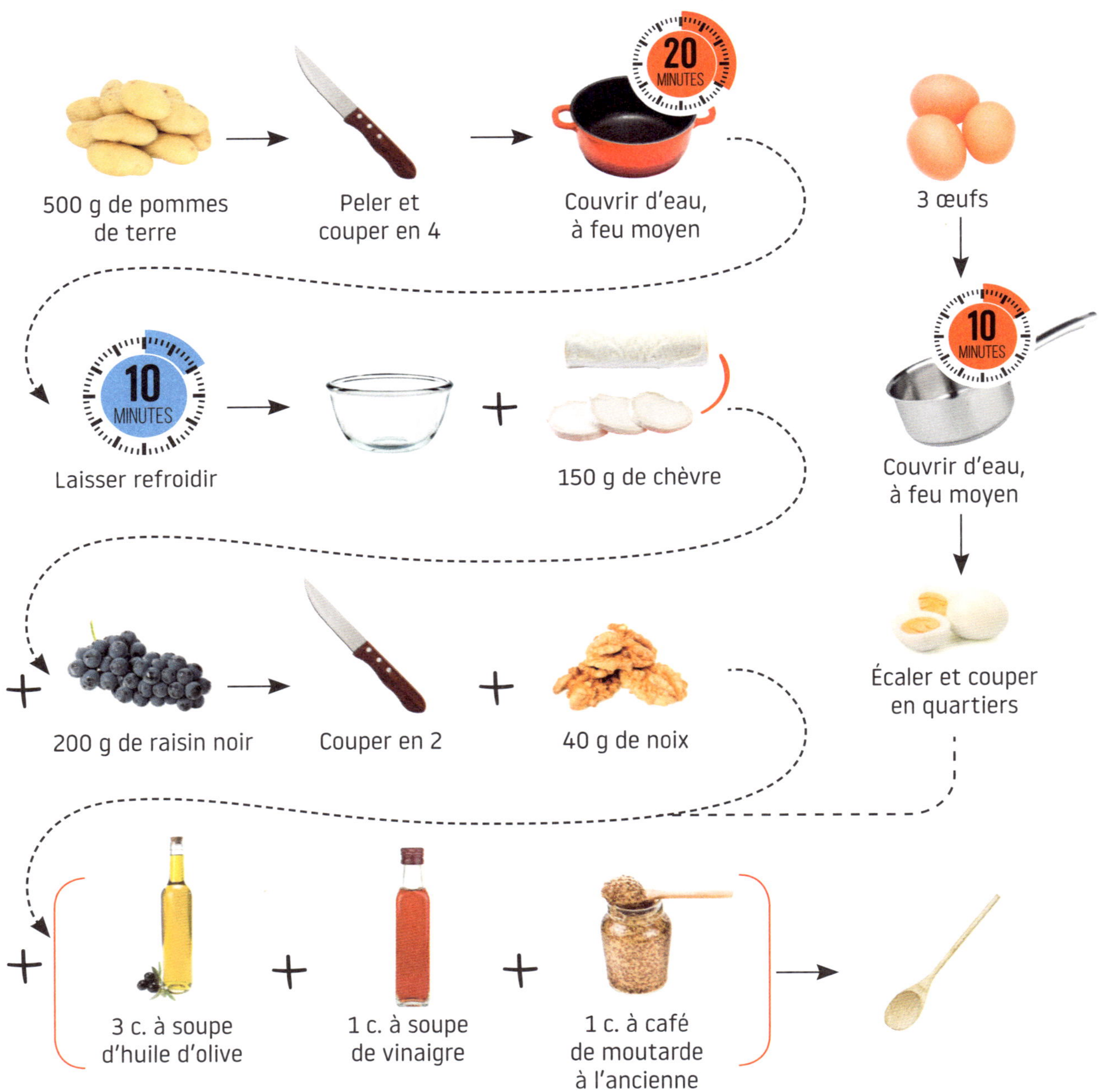

POUR 4 PERSONNES
PRÉPARATION : 10 MINUTES
CUISSON : 20 MINUTES
REPOS : 10 MINUTES

- 3 œufs
- 500 g de pommes de terre
- 150 g de chèvre
- 200 g de raisin noir
- 40 g de noix
- Moutarde à l'ancienne
- Vinaigre
- Huile d'olive

15 SALADE DE BLÉ
en herbes

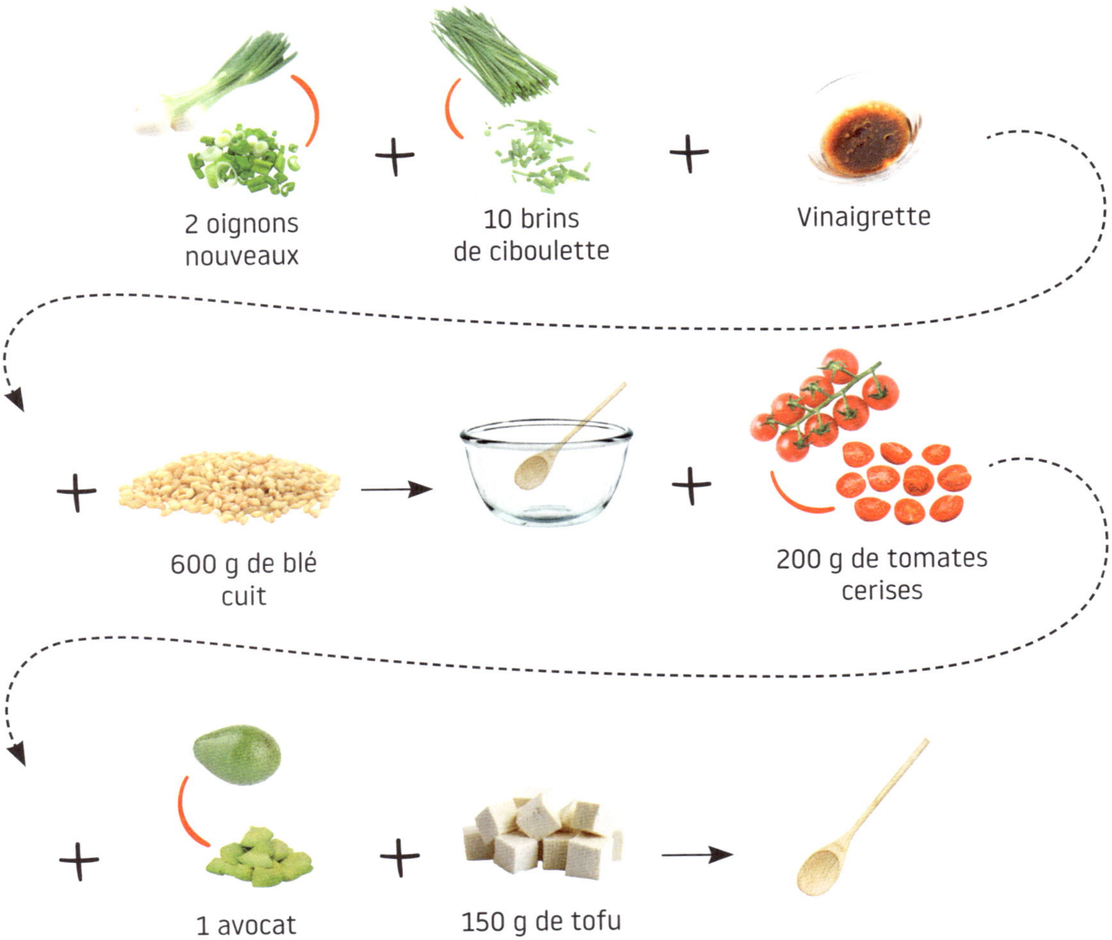

POUR 4 PERSONNES
PRÉPARATION : 15 MINUTES

- 2 oignons nouveaux
- 10 brins de ciboulette
- 600 g de blé cuit
- 200 g de tomates cerises
- 1 avocat
- 150 g de tofu
- Vinaigrette

16 SALADE D'ENDIVES

au bleu et aux graines

8 jeunes pousses d'endives + 1 pomme + 120 g de roquefort

+ 4 c. à café de graines de courge + 4 c. à café de graines de tournesol

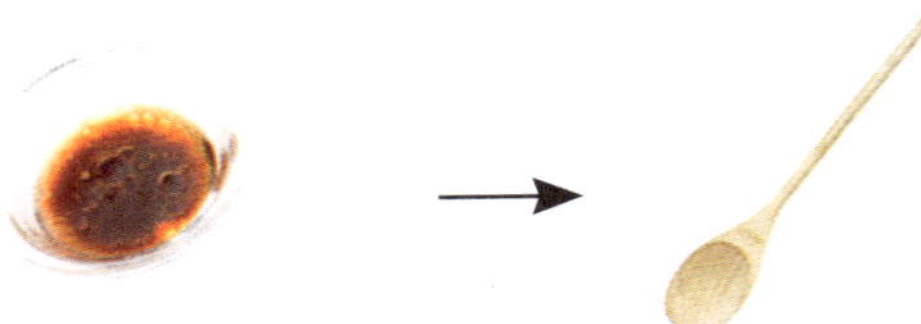

+ Vinaigrette à la moutarde →

POUR 4 PERSONNES
PRÉPARATION : 10 MINUTES

- 8 jeunes pousses d'endives
- 1 pomme
- 120 g de roquefort
- 4 c. à café de graines de courge
- 4 c. à café de graines de tournesol
- Vinaigrette à la moutarde

17 SALADE COMPLÈTE

aux 3 féculents et 3 légumes

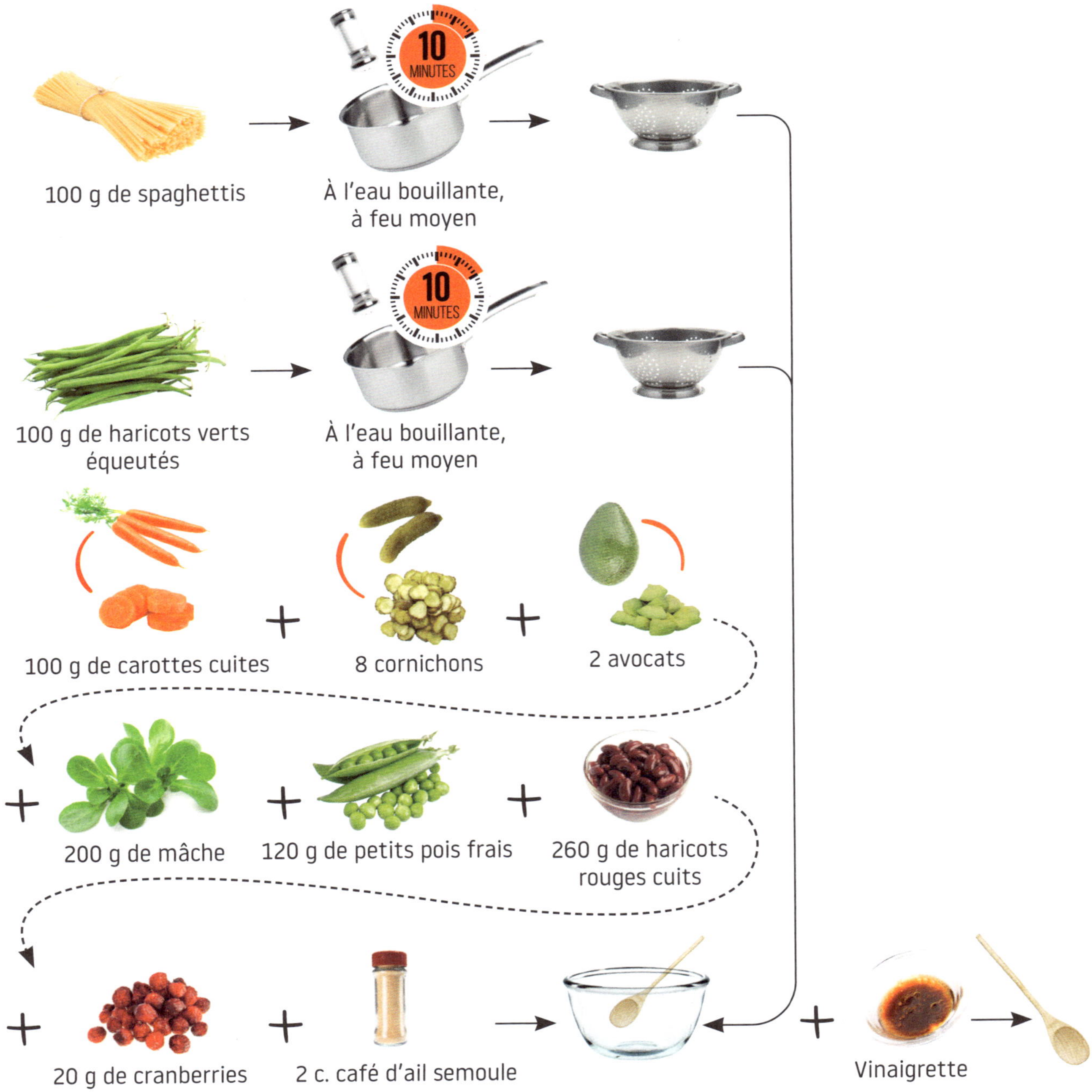

POUR 4 PERSONNES
PRÉPARATION : 15 MINUTES
CUISSON : 10 MINUTES

- 100 g de spaghettis
- 100 g de haricots verts
- 100 g de carottes cuites
- 8 cornichons
- 2 avocats
- 200 g de mâche
- 120 g de petits pois frais
- 260 g de haricots rouges cuits
- 20 g de cranberries
- Ail semoule
- Vinaigrette

18 SALADE DE POIS CHICHES

à la feta et à l'avocat

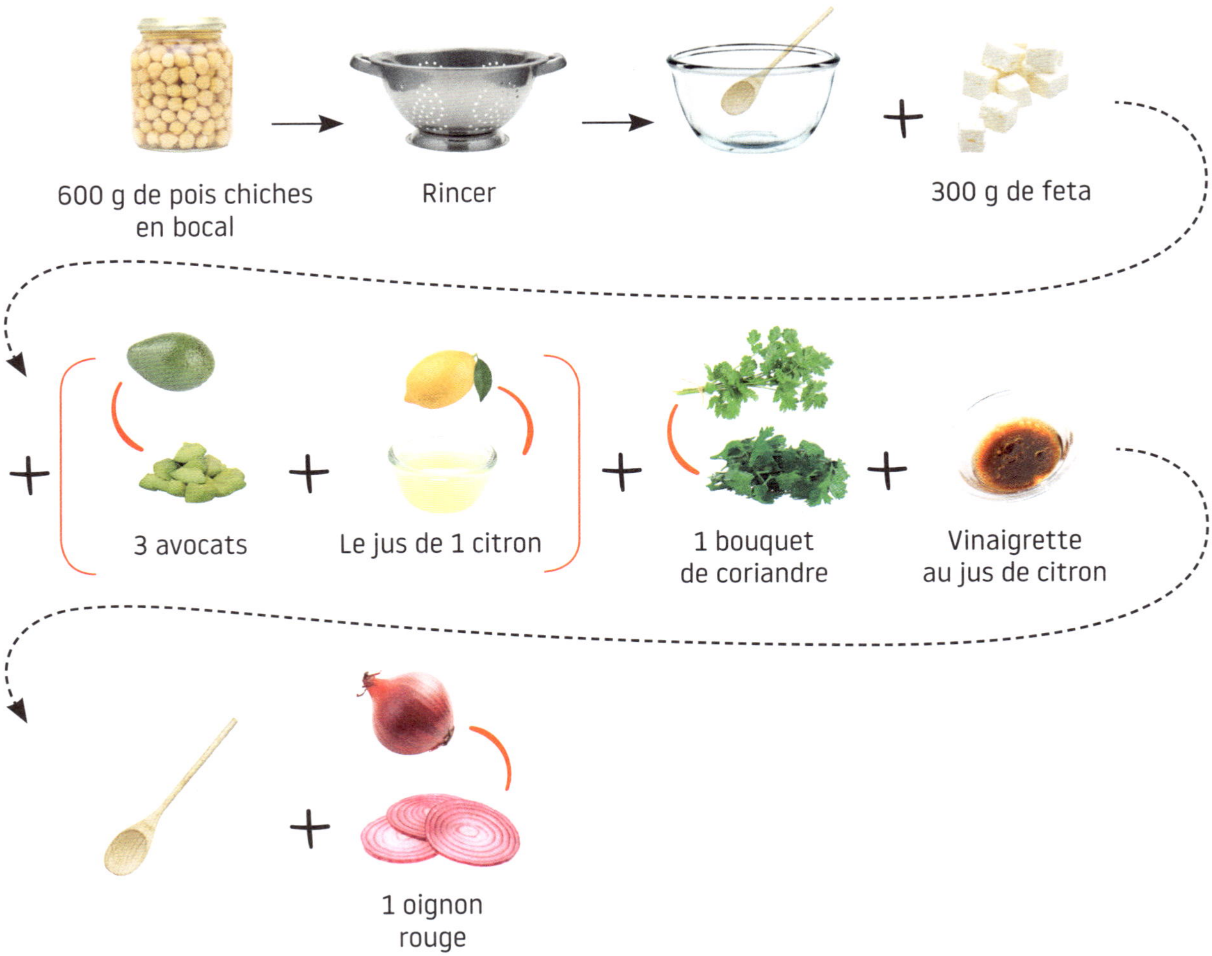

POUR 4 PERSONNES
PRÉPARATION : 15 MINUTES

- 600 g de pois chiches en bocal
- 300 g de feta
- 3 avocats
- 1 citron
- 1 bouquet de coriandre
- 1 oignon rouge
- Vinaigrette au citron

19 SALADE AUX POIRES

et au gorgonzola

1 sucrine

+

1 salade trévise

+

2 poires

→

Couper en tranches

+

4 figues

+

Vinaigrette au balsamique

+

→

+

200 g de gorgonzola

+

1 poignée de noix de pécan

POUR 4 PERSONNES
PRÉPARATION : 15 MINUTES

- 1 sucrine
- 1 salade trévise
- 2 poires
- 4 figues
- 200 g de gorgonzola
- 1 poignée de noix de pécan
- Vinaigrette au balsamique

20 SALADE DE TOMATES
à l'italienne

800 g de tomates

1 gousse d'ail

1 oignon nouveau

Quelques brins de basilic

2 c. à soupe de vinaigre de vin

6 c. à soupe d'huile d'olive

½ baguette

Couvrir de film alimentaire

Au réfrigérateur

2 boules de mozzarella

POUR 6 PERSONNES
PRÉPARATION : 15 MINUTES
REPOS : 1 HEURE

- 800 g de tomates mélangées
- 1 gousse d'ail
- 1 oignon nouveau
- Quelques brins de basilic
- ½ baguette
- 2 boules de mozzarella
- Vinaigre de vin
- Huile d'olive

21 SALADE
méchouia

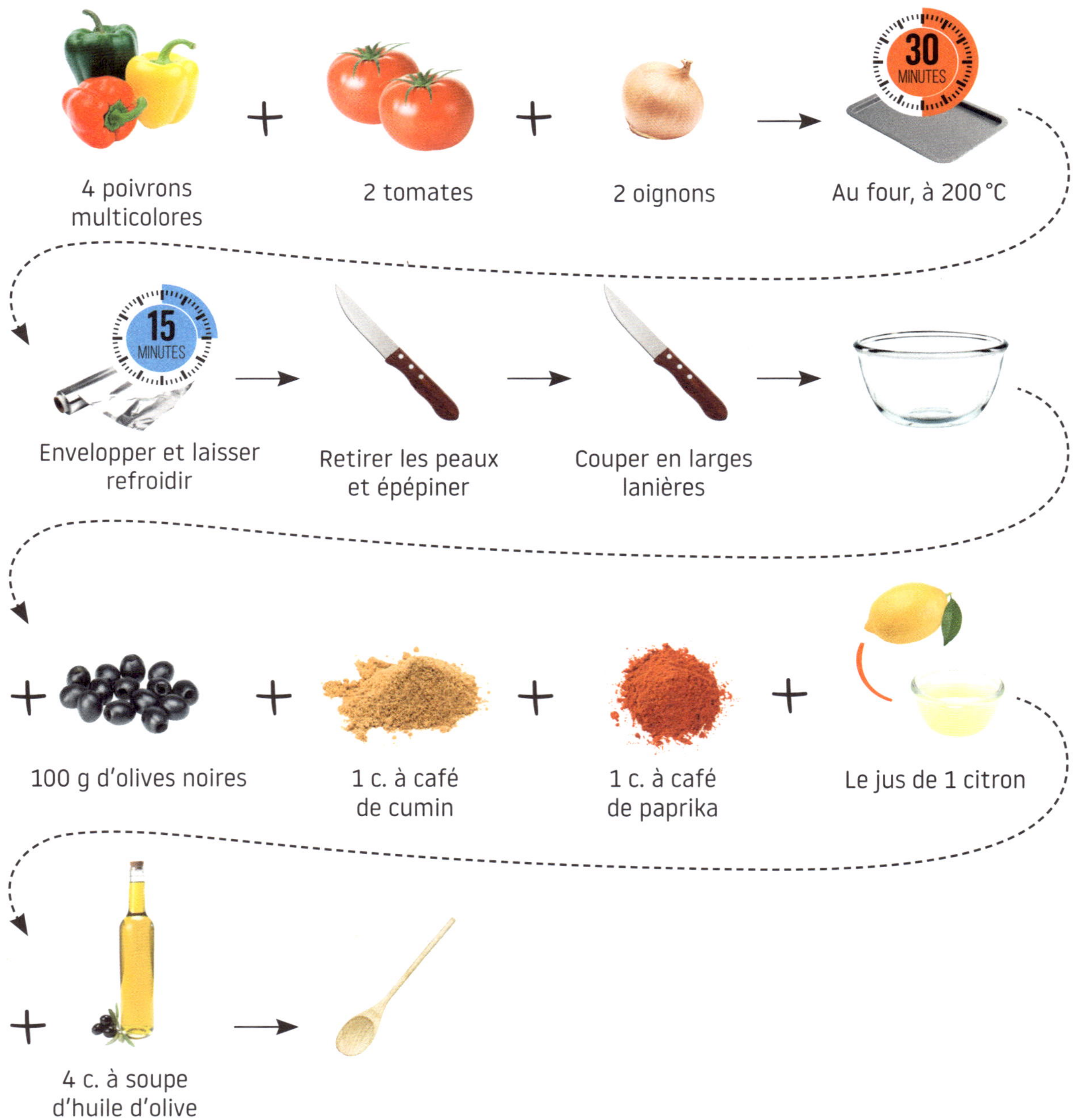

POUR 4 PERSONNES
PRÉPARATION : 15 MINUTES
CUISSON : 30 MINUTES
REPOS : 15 MINUTES

- 4 poivrons multicolores
- 2 tomates
- 2 oignons
- 100 g d'olives noires
- 1 c. à café de cumin
- 1 c. à café de paprika
- 1 citron
- Huile d'olive

22 KIMCHI

coréen

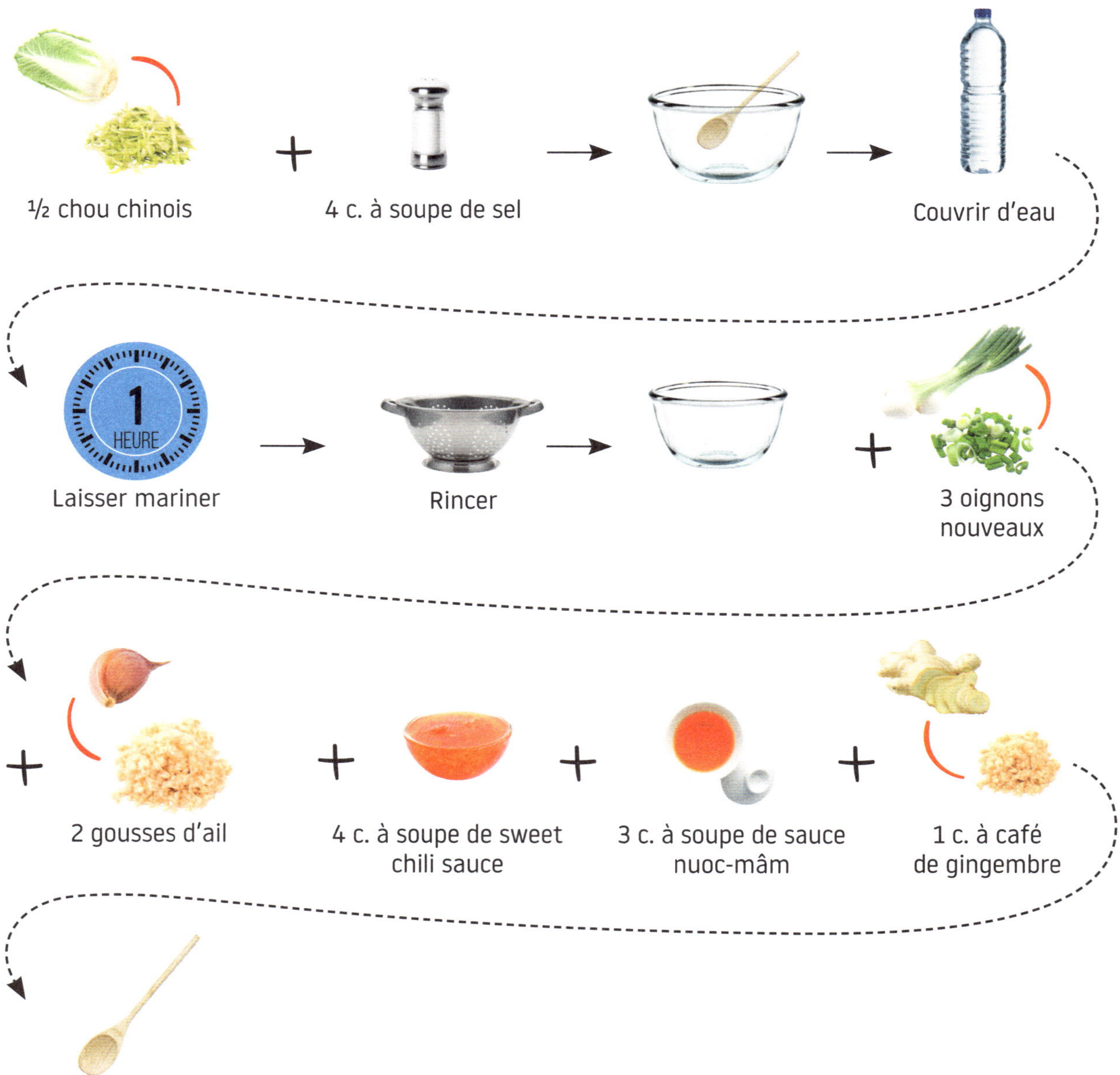

POUR 4 PERSONNES
PRÉPARATION : 15 MINUTES
REPOS : 1 HEURE

- ½ chou chinois
- 3 oignons nouveaux
- 2 gousses d'ail
- 4 c. à soupe de sweet chili sauce
- 3 c. à soupe de nuoc-mâm
- 1 c. à café de gingembre

23 SALADE DE CAROTTES
à l'orientale

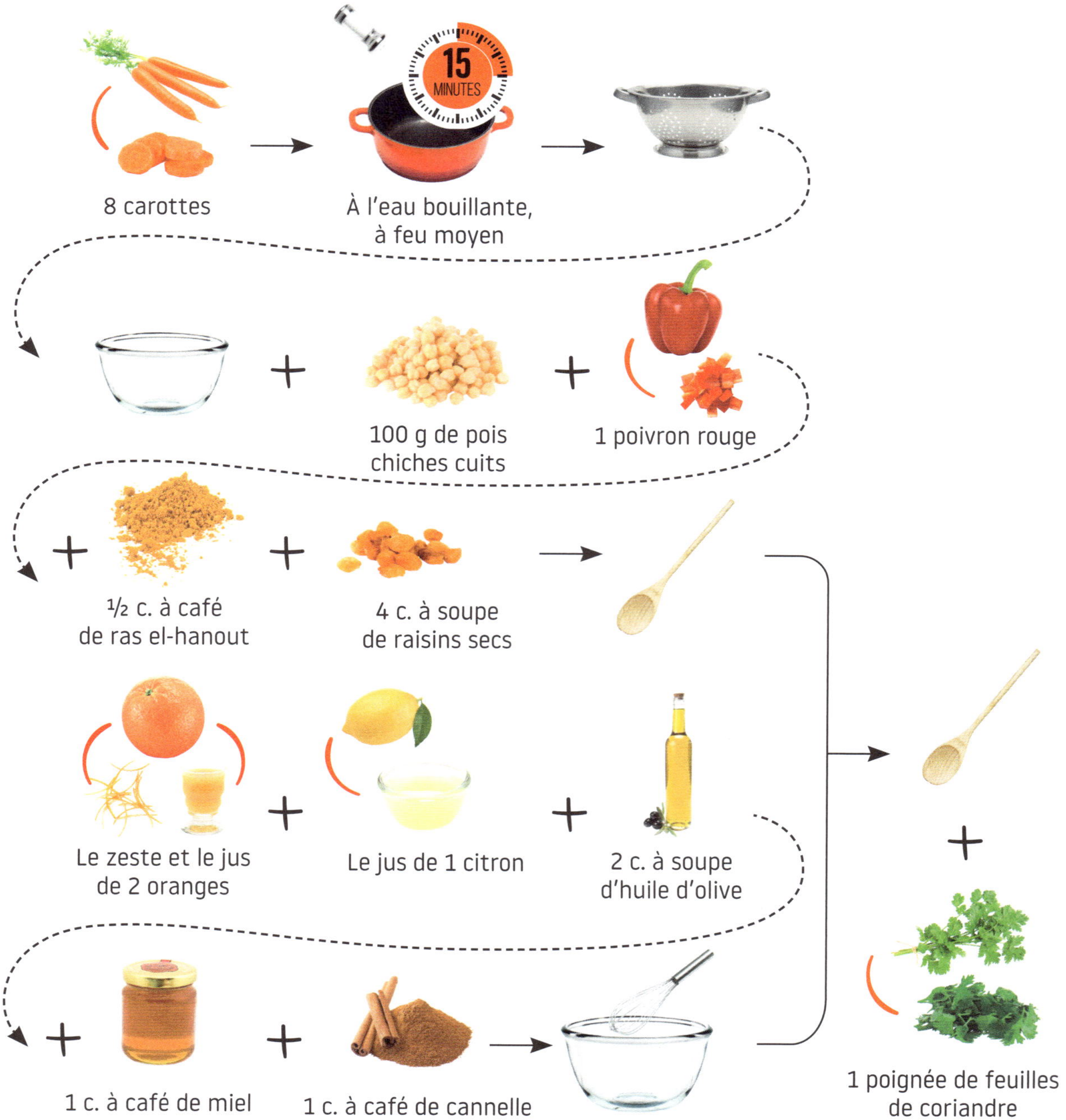

POUR 4 PERSONNES
PRÉPARATION : 15 MINUTES
CUISSON : 15 MINUTES

- 8 carottes
- 100 g de pois chiches cuits
- 1 poivron rouge
- ½ c. à café de ras el-hanout
- 4 c. à soupe de raisins secs
- 2 oranges
- 1 citron
- 1 c. à café de miel
- 1 c. à café de cannelle
- 1 poignée de feuilles de coriandre
- Huile d'olive

24 SALADE DE RIZ
aux fruits exotiques

POUR 4 PERSONNES
PRÉPARATION : 20 MINUTES

- 1 citron vert
- 1 kg de riz basmati cuit
- 1 petit ananas
- 3 fruits de la passion
- 1 mangue bien mûre
- 1 citron
- Moutarde
- Huile d'olive

25 BOULGOUR, BETTERAVE
et œufs mollets

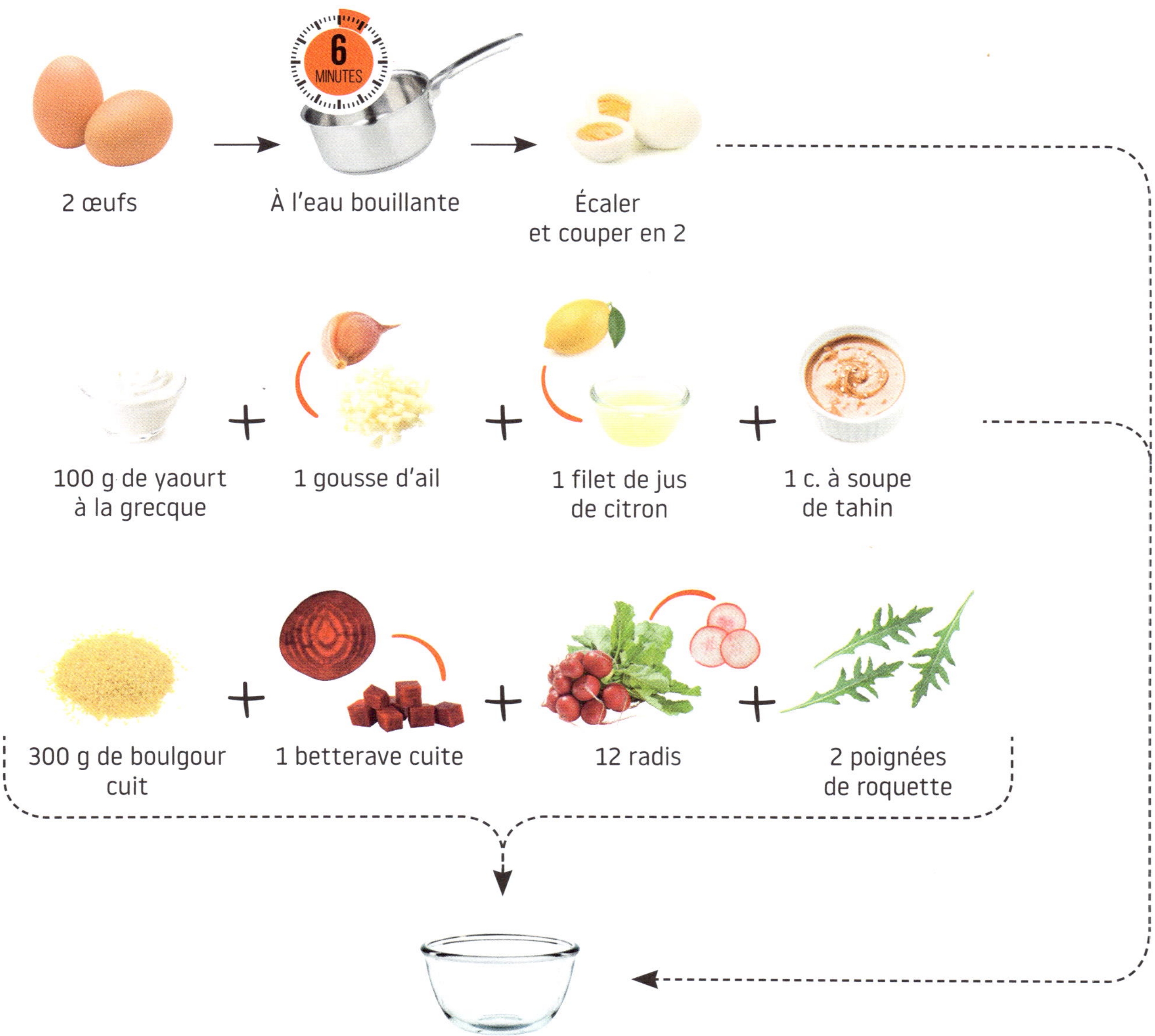

POUR 2 PERSONNES
PRÉPARATION : 15 MINUTES
CUISSON : 6 MINUTES

- 2 œufs
- 100 g de yaourt à la grecque
- 1 gousse d'ail
- 1 filet de jus de citron
- 1 c. à soupe de tahin (purée de sésame)
- 300 g de boulgour cuit
- 1 betterave cuite
- 12 radis
- 2 poignées de roquette

26 LENTILLES,
légumes du soleil et feta

POUR 2 PERSONNES
PRÉPARATION : 15 MINUTES

- 150 g de lentilles cuites
- 120 g de petit épeautre cuit
- 1 petit poivron
- ¼ de concombre
- 12 tomates cerises
- Quelques feuilles de roquette
- 40 g de feta
- Vinaigre balsamique
- Huile d'olive

27 PÂTES, TOMATES,
courgette, haricots et basilic

POUR 2 PERSONNES
PRÉPARATION : 15 MINUTES
CUISSON : 5 MINUTES

- 1 courgette
- 1 gousse d'ail
- 2 tomates
- Quelques feuilles de basilic
- 200 de haricots rouges en boîte égouttés
- Quelques brins de persil
- 1 filet de jus de citron
- 200 g d'orecchiette cuites
- 4 c. à café de parmesan râpé
- Huile d'olive

28 POIS CHICHES AU PAPRIKA,

quinoa, œufs mollets et betterave

1 petit brocoli

À l'eau bouillante

2 œufs

À l'eau bouillante

Écaler et couper en 2

120 g de pois chiches en bocal égouttés

+

1 filet d'huile d'olive

+

1 c. à café de paprika

+

1 pincée de cumin

480 g de quinoa cuit

+

1 betterave cuite

+

Quelques brins de coriandre

POUR 2 PERSONNES
PRÉPARATION : 15 MINUTES
CUISSON : 20 MINUTES

- 1 petit brocoli
- 2 œufs
- 120 g de pois chiches en bocal
- 1 c. à café de paprika
- 1 pincée de cumin
- 480 g de quinoa cuit
- 1 betterave cuite
- Quelques brins de coriandre
- Huile d'olive

29 POIS CHICHES, AVOCATS

et grenade, sauce au sésame

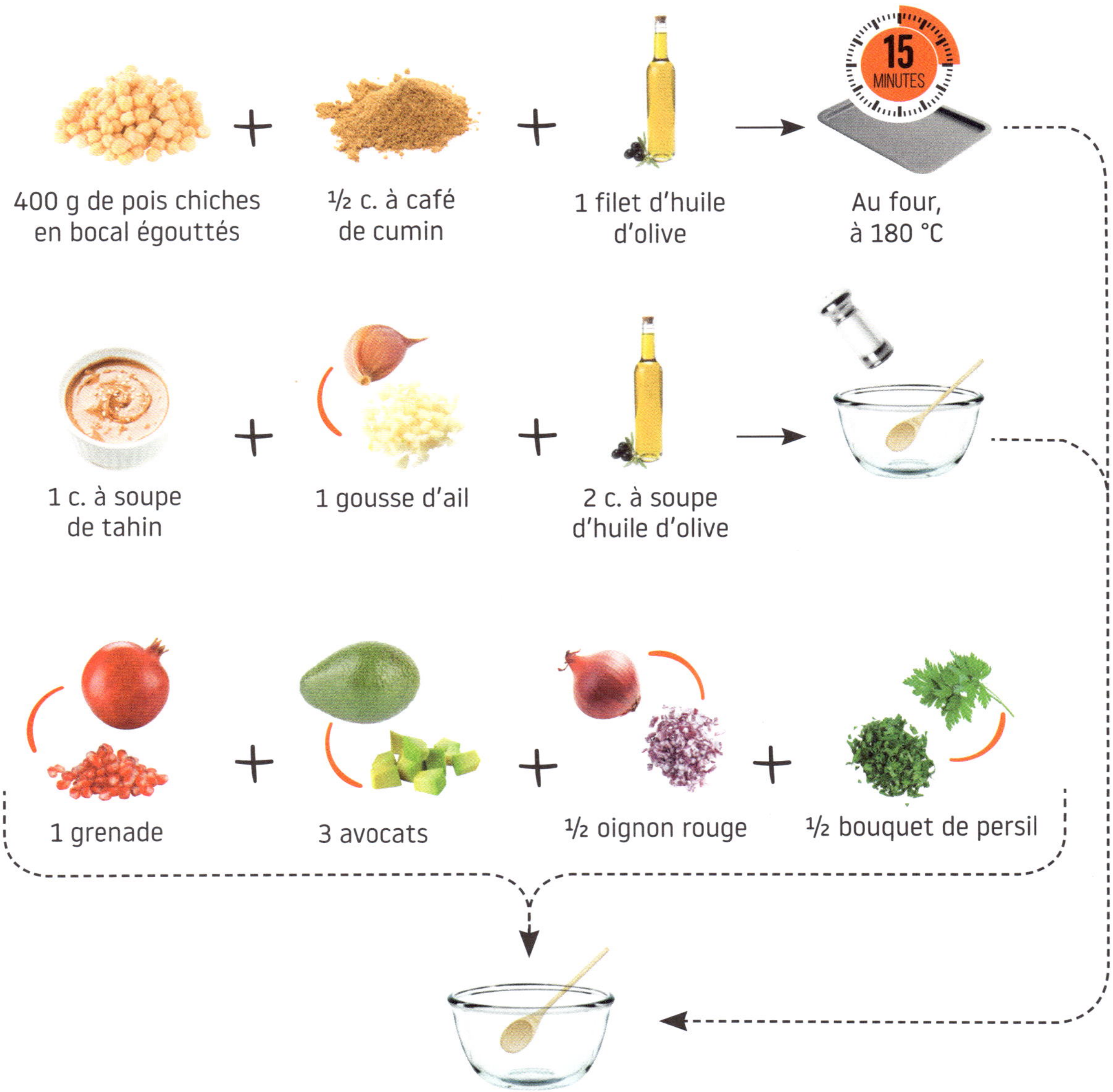

POUR 4 PERSONNES
PRÉPARATION : 20 MINUTES
CUISSON : 15 MINUTES

- 400 g de pois chiches en bocal
- ½ c. à café de cumin
- 1 c. à soupe de tahin (purée de sésame)
- 1 gousse d'ail
- 1 grenade
- 3 avocats
- ½ oignon rouge
- ½ bouquet de persil
- Huile d'olive

30 TOFU FUMÉ, LENTILLES,
patates douces et avocat

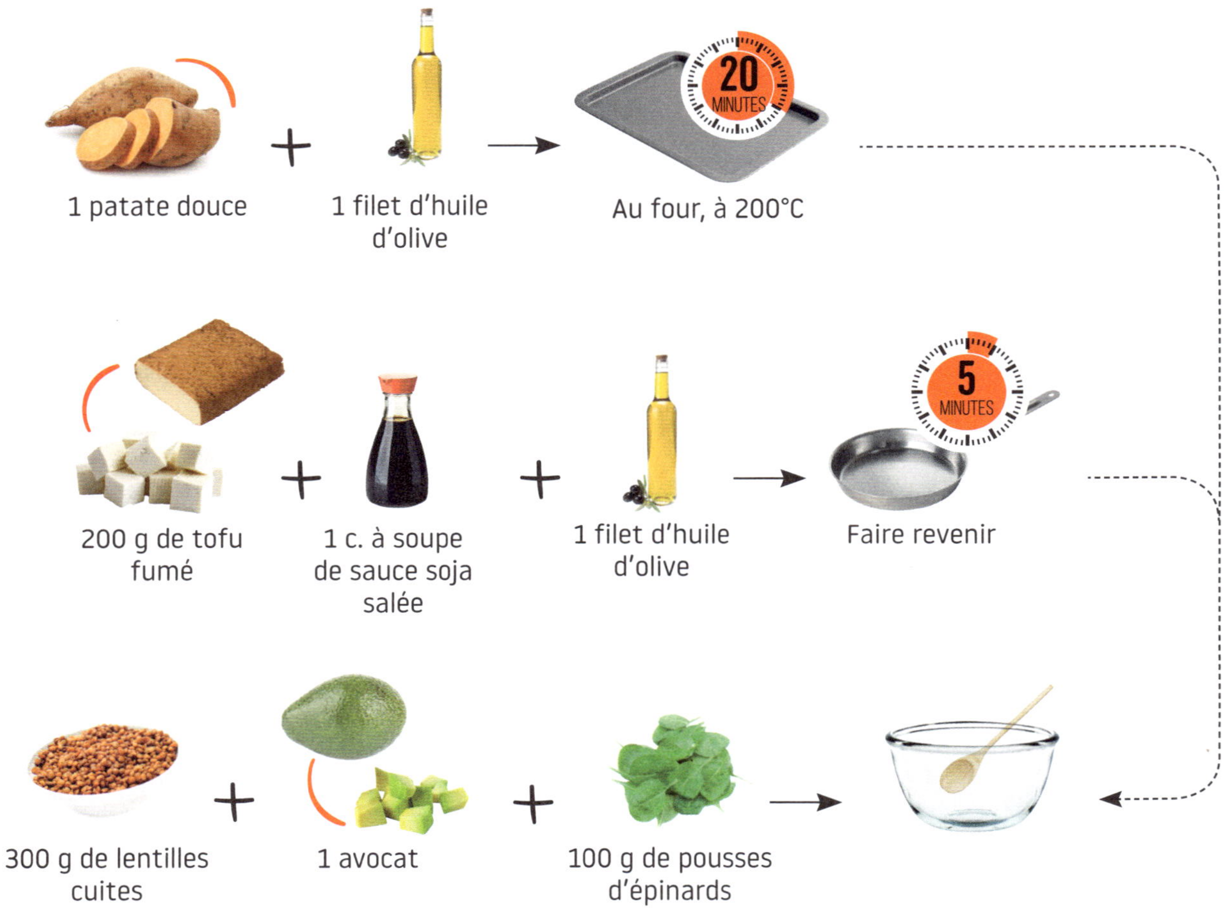

POUR 2 PERSONNES
PRÉPARATION : 15 MINUTES
CUISSON : 20 MINUTES

- 1 patate douce
- 200 g de tofu fumé
- 1 c. à soupe de sauce soja salée
- 300 g de lentilles cuites
- 1 avocat
- 100 g de pousses d'épinards
- Huile d'olive

31 RIZ COMPLET, CAROTTE,
avocat, boumous et courgette

POUR 2 PERSONNES
PRÉPARATION : 20 MINUTES
CUISSON : 5 MINUTES

- 3 c. à soupe d'huile de sésame
- 2 c. à soupe de sauce soja salée
- 1 c. à soupe de jus de citron
- 2 cm de gingembre
- 1 courgette
- 1 avocat
- 380 g de riz complet cuit
- 1 carotte
- 2 c. à soupe de houmous
- 4 c. à soupe de pois chiches en bocal
- 2 oignons nouveaux
- 2 c. à soupe de graines de tournesol
- Quelques brins de coriandre
- Huile d'olive

32 TABOULÉ DE SEMOULE
aux légumes

1 petit concombre + 300 g de tomates cerises + 3 oignons + ½ bouquet de menthe

+ ½ bouquet de coriandre + 300 g de semoule cuite → + 4 c. à soupe d'huile d'olive

+ + 4 c. à soupe de graines de sésame

POUR 4 PERSONNES
PRÉPARATION : 20 MINUTES

- 1 petit concombre
- 300 g de tomates cerises
- 3 oignons frais
- ½ bouquet de menthe
- ½ bouquet de coriandre
- 300 g de semoule cuite
- 4 c. à soupe de graines de sésame
- Huile d'olive

33 SALADE DE PASTÈQUE,
concombre et feta

POUR 4 PERSONNES
PRÉPARATION : 15 MINUTES

- 1/4 de pastèque
- 1 concombre
- 200 g de feta
- 1/2 oignon rouge
- 3 branches de basilic
- 1 poignée d'olives noires dénoyautées
- 1 citron
- Vinaigrette au jus de citron

34 SALADE DE SARRASIN
aux poivrons

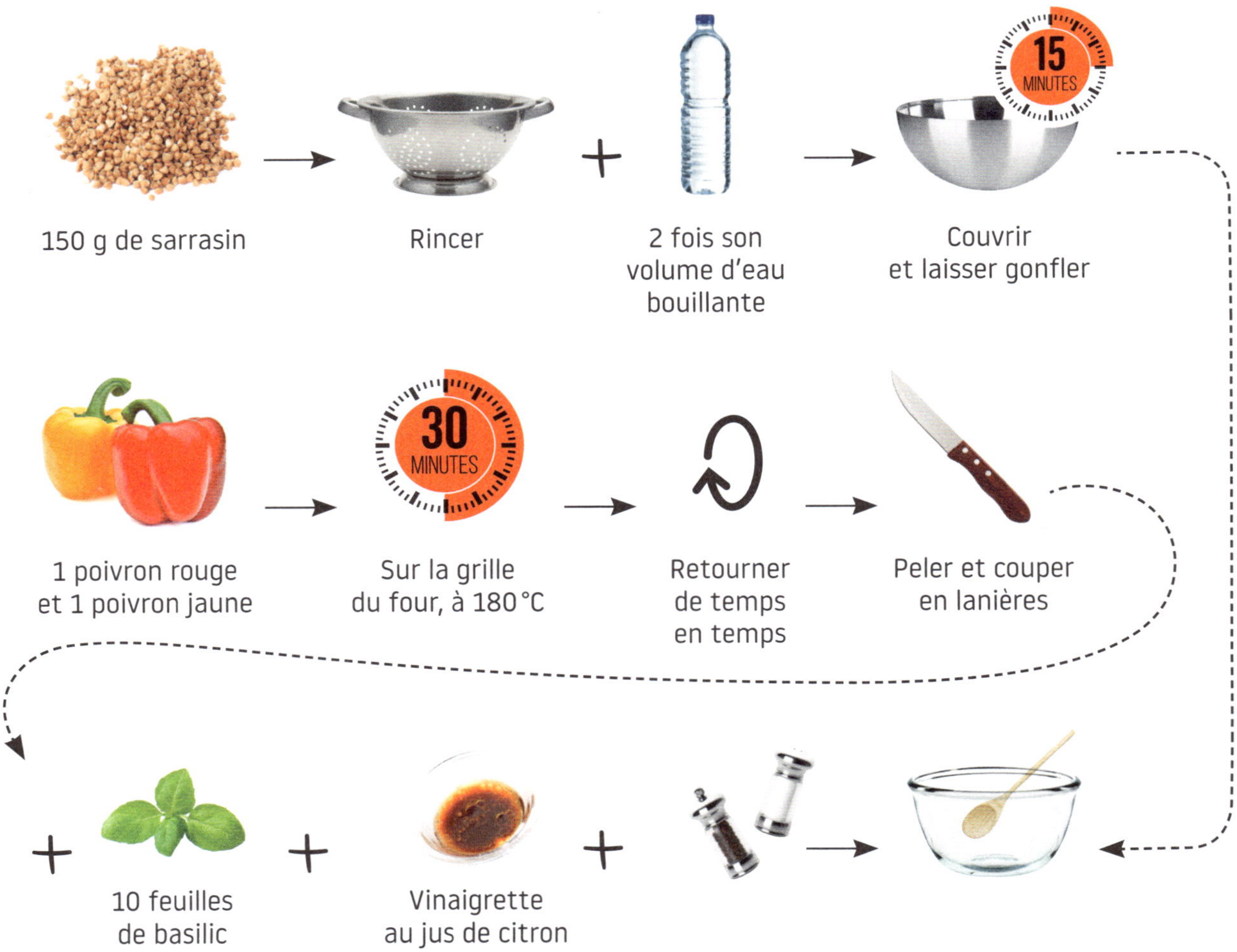

POUR 4 PERSONNES
PRÉPARATION : 15 MINUTES
CUISSON : 30 MINUTES
REPOS : 15 MINUTES

- 150 g de sarrasin
- 1 poivron rouge
- 1 poivron jaune
- 10 feuilles de basilic
- Vinaigrette au jus de citron

35 SALADE TIÈDE
toute verte

POUR 4 PERSONNES
PRÉPARATION : 5 MINUTES
CUISSON : 5 MINUTES

- 200 g de petits pois
- 250 g de haricots plats
- 3 gousses d'ail
- 2 avocats
- 10 brins de ciboulette
- 1 c. à soupe de crème fraîche
- Huile de sésame

36 SALADE DE CHOU KALE,

avocat et noix

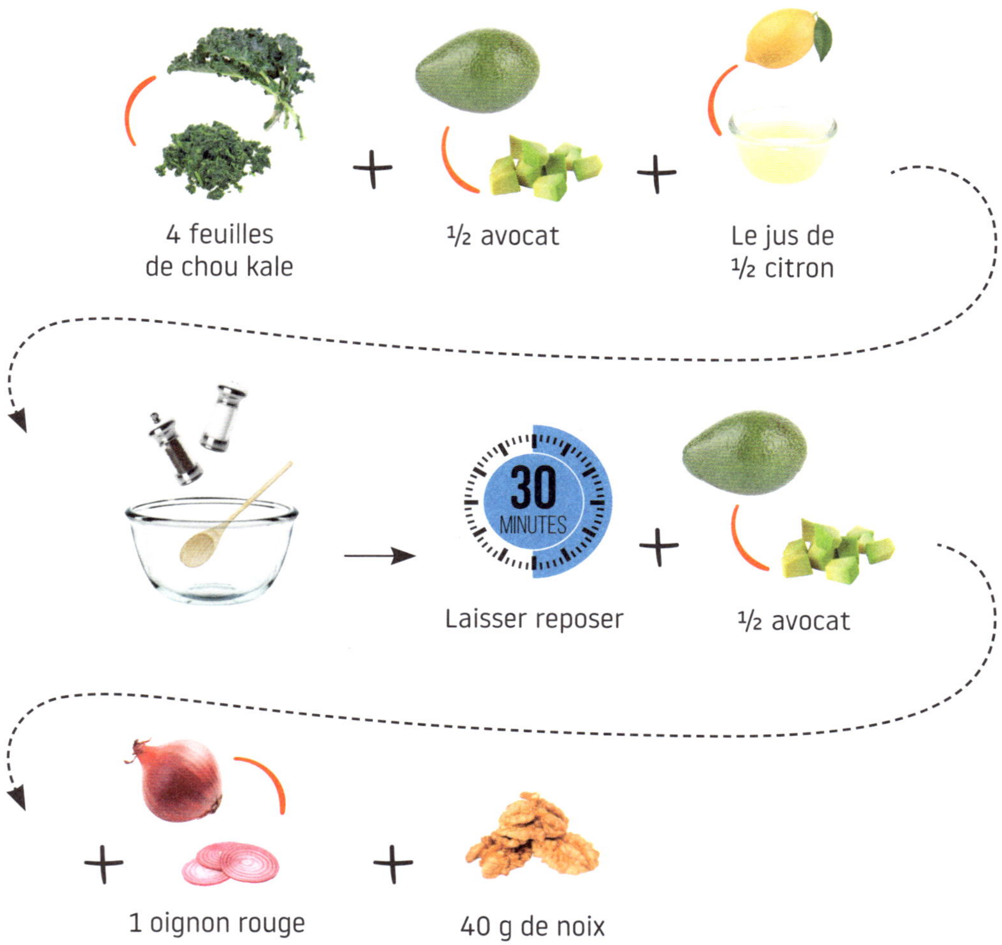

POUR 4 PERSONNES
PRÉPARATION : 15 MINUTES
REPOS : 30 MINUTES

- 4 feuilles de chou kale
- 1 avocat
- ½ citron
- 1 oignon rouge
- 40 g de noix

37 SALADE DE QUINOA,
oranges et grenade

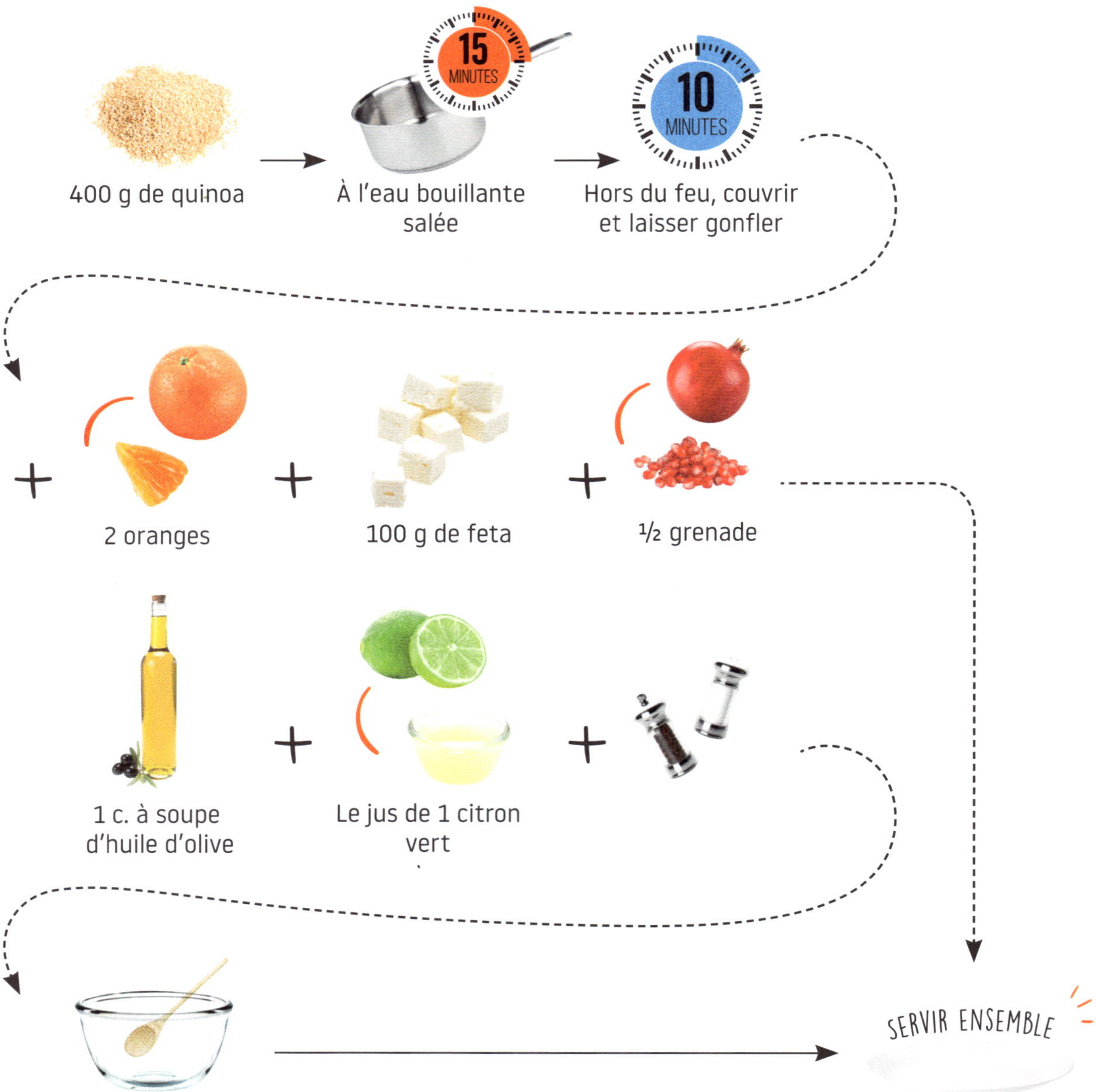

POUR 4 PERSONNES
PRÉPARATION : 10 MINUTES
CUISSON : 15 MINUTES
REPOS : 10 MINUTES

- 400 g de quinoa
- 2 oranges
- 100 g de feta
- ½ grenade
- 1 citron vert
- Huile d'olive

38 SALADE DE LENTILLES, *grenade, betterave, œufs durs*

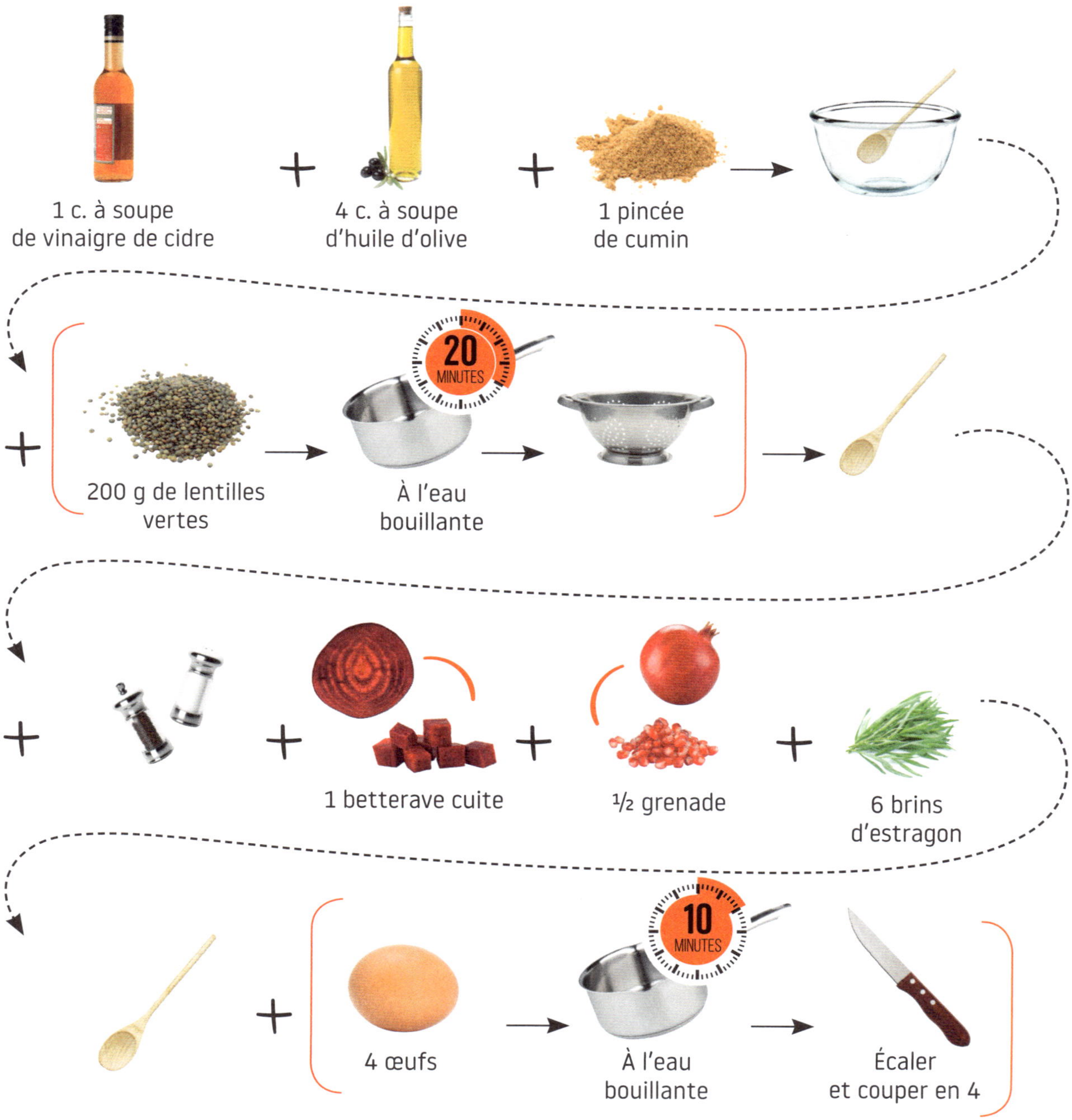

POUR 4 PERSONNES
PRÉPARATION : 15 MINUTES
CUISSON : 20 MINUTES

- 1 pincée de cumin
- 200 g de lentilles vertes
- 1 betterave cuite
- ½ grenade
- 6 brins d'estragon
- 4 œufs
- Vinaigre de cidre
- Huile d'olive

39 SALADE DE PÂTES
aux betteraves et au poivron

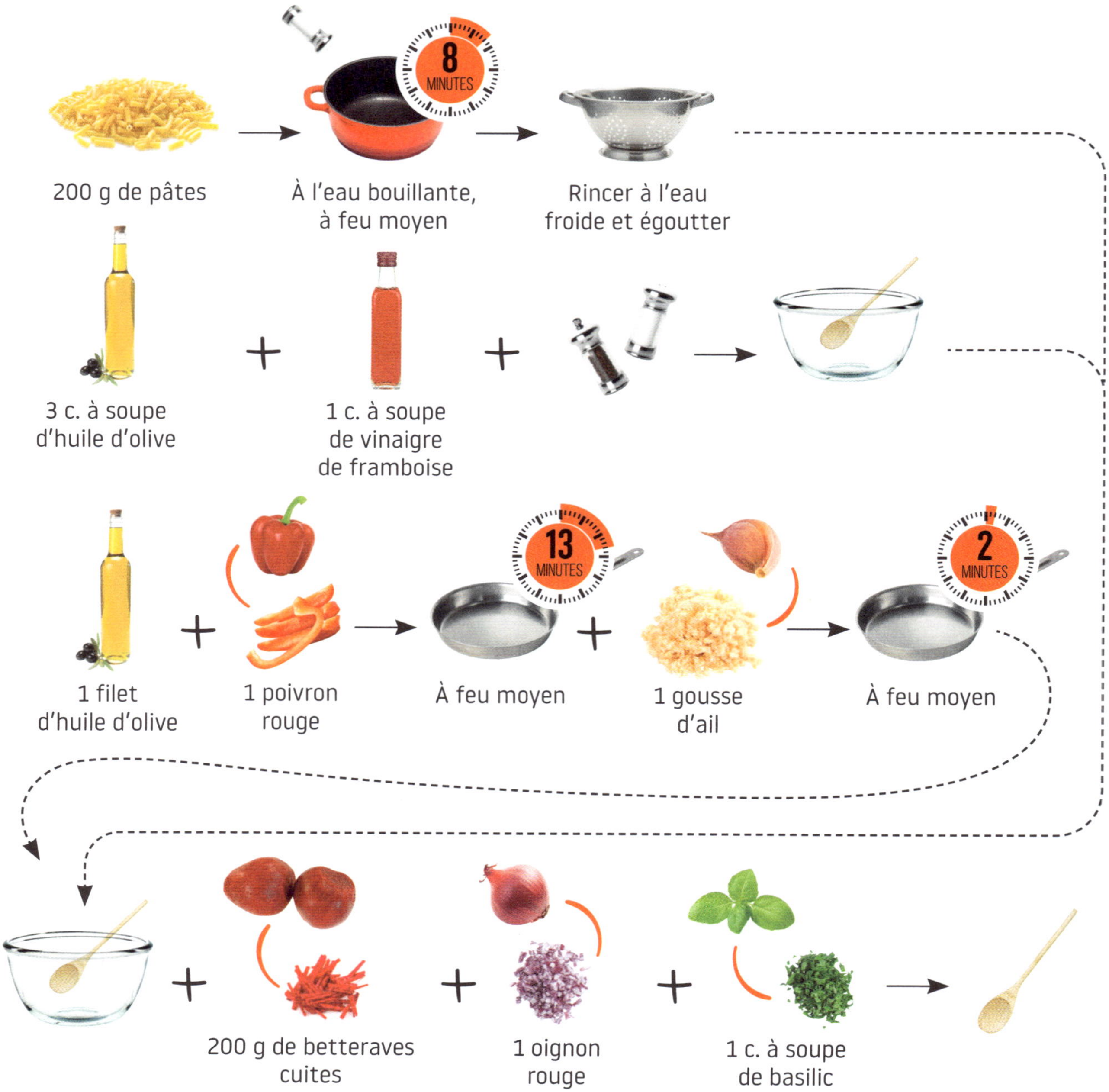

POUR 4 PERSONNES
PRÉPARATION : 20 MINUTES
CUISSON : 15 MINUTES

- 200 g de pâtes
- 1 poivron rouge
- 1 gousse d'ail
- 200 g de betteraves cuites
- 1 oignon rouge
- 1 c. à soupe de basilic
- Vinaigre de framboise
- Huile d'olive

40 SALADE TARTARE

betteraves et chèvre

2 petites betteraves

\+

300 g de roquette

\+

4 abricots secs

\+

1 poignée de noix

\+

Vinaigrette

\+

1 chèvre mi-sec
en tranches fines

POUR 4 PERSONNES
PRÉPARATION : 15 MINUTES

- 2 petites betteraves
- 300 g de roquette
- 4 abricots secs
- 1 poignée de noix
- 1 chèvre mi-sec
- Vinaigrette

41 BROCHETTES
de keftas et salade de tomates

½ oignon rouge + 30 feuilles de menthe + 600 g de bœuf haché → 24 boulettes

Piquer par 3 + 4 c. à soupe d'huile d'olive → À feu moyen, retourner fréquemment

20 tomates cerises + ½ oignon rouge + Vinaigrette →

SERVIR ENSEMBLE

POUR 4 PERSONNES
PRÉPARATION : 15 MINUTES
CUISSON : 5 MINUTES

- 1 oignon rouge
- 30 feuilles de menthe
- 600 g de bœuf haché
- 20 tomates cerises
- Vinaigrette
- Huile d'olive

42 WOK DE BŒUF

aux vermicelles et au brocoli

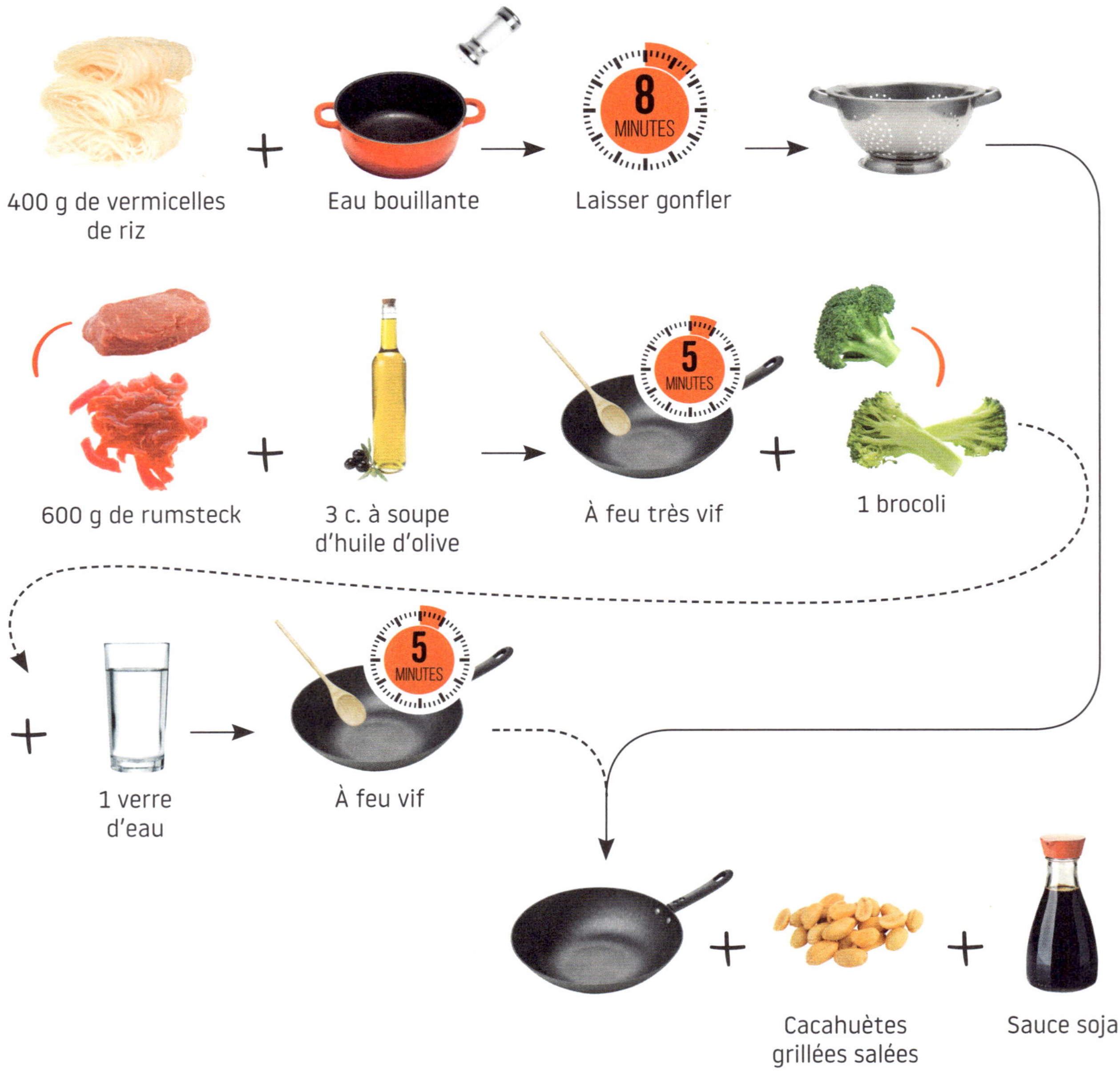

POUR 8 PERSONNES
PRÉPARATION : 15 MINUTES
CUISSON : 10 MINUTES
REPOS : 8 MINUTES

- 400 g de vermicelles de riz
- 600 g de rumsteck
- 1 brocoli
- Cacahuètes grillées et salées
- Sauce soja
- Huile d'olive

43 SALADE *de pot-au-feu*

500 g de restes de pot-au-feu (viandes et légumes)

→

Détailler en lamelles ou rondelles

\+

1 oignon rouge

\+

60 g de mesclun

\+

½ botte de ciboulette

\+

Vinaigrette à la moutarde à l'ancienne

\+

POUR 4 PERSONNES
PRÉPARATION : 15 MINUTES

- 500 g de restes de pot-au-feu (viandes et légumes)
- 1 oignon rouge
- 60 g de mesclun
- ½ botte de ciboulette
- Vinaigrette à la moutarde à l'ancienne

44 TAGLIATA *de bœuf*

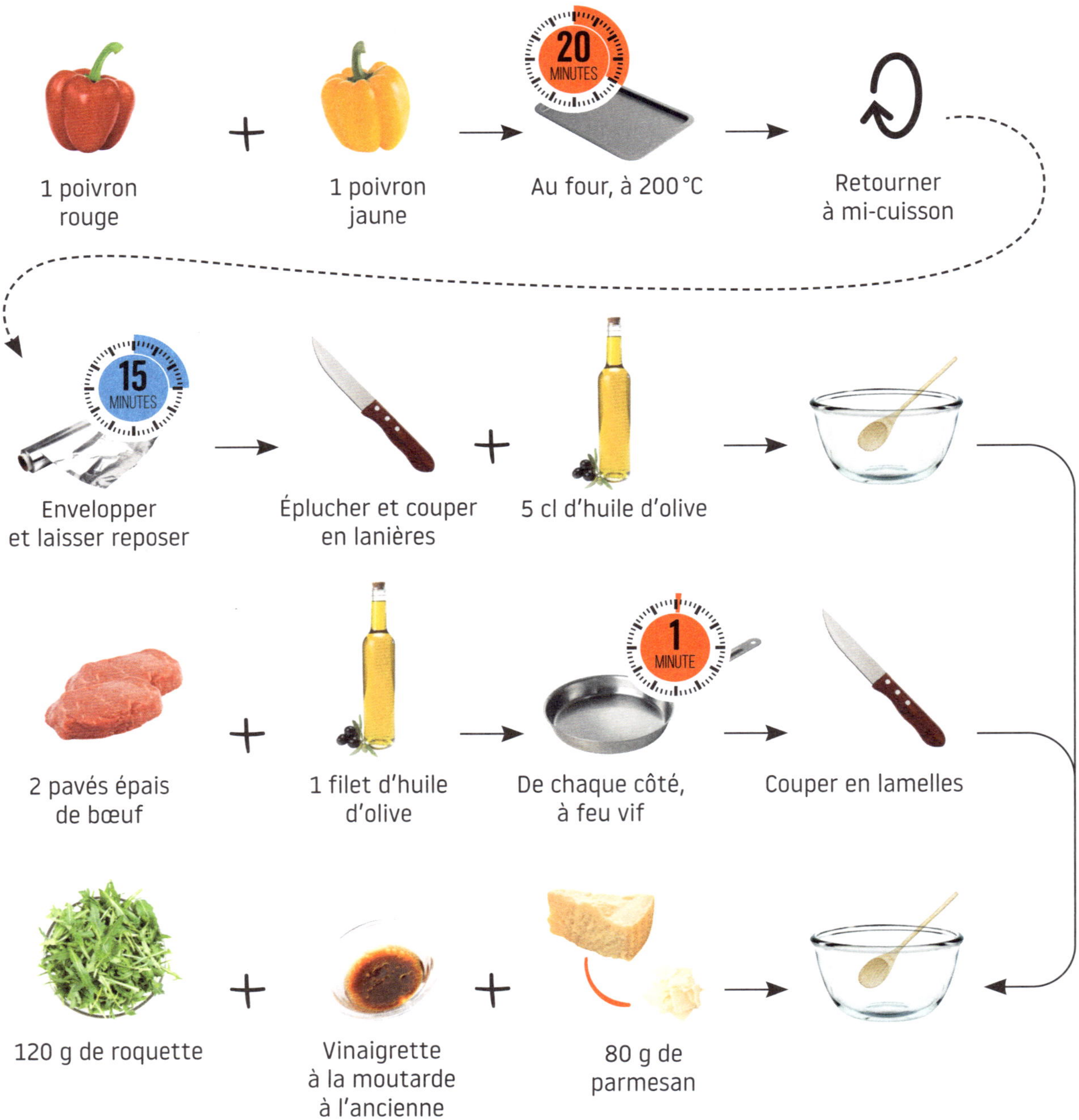

POUR 4 PERSONNES
PRÉPARATION : 20 MINUTES
CUISSON : 20 MINUTES
REPOS : 15 MINUTES

- 1 poivron rouge
- 1 poivron jaune
- 2 pavés épais de bœuf
- 120 g de roquette
- 80 g de parmesan
- Vinaigrette à la moutarde à l'ancienne
- Huile d'olive

45 SALADE DE BŒUF
à l'asiatique

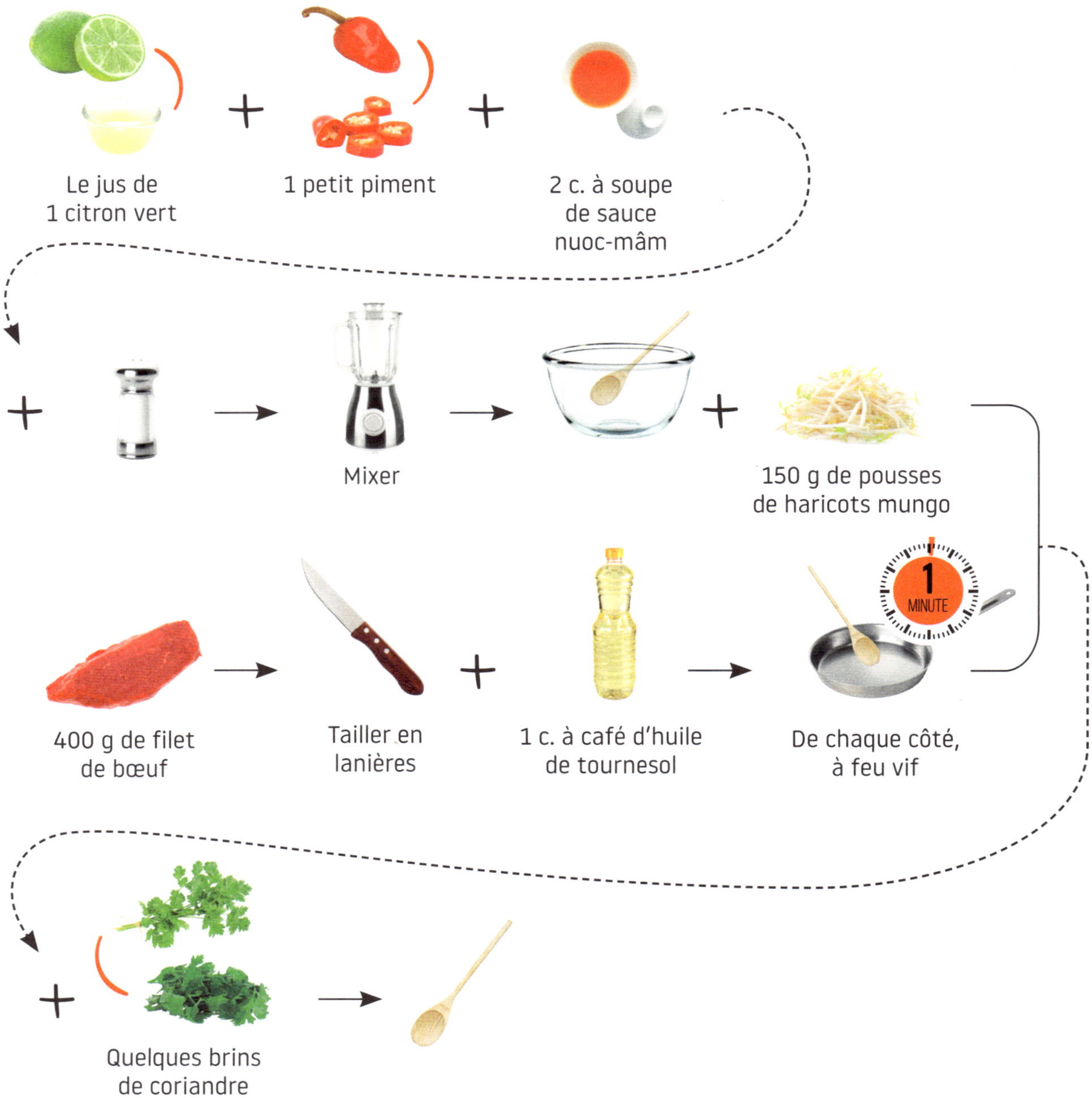

POUR 4 PERSONNES
PRÉPARATION : 10 MINUTES
CUISSON : 2 MINUTES

- 1 citron vert
- 1 petit piment
- 2 c. à soupe de sauce nuoc-mâm
- 150 g de pousses de haricots mungo
- 400 g de filet de bœuf
- Quelques brins de coriandre
- Huile de tournesol

46 TATAKI DE BŒUF,
quinoa et pamplemousse

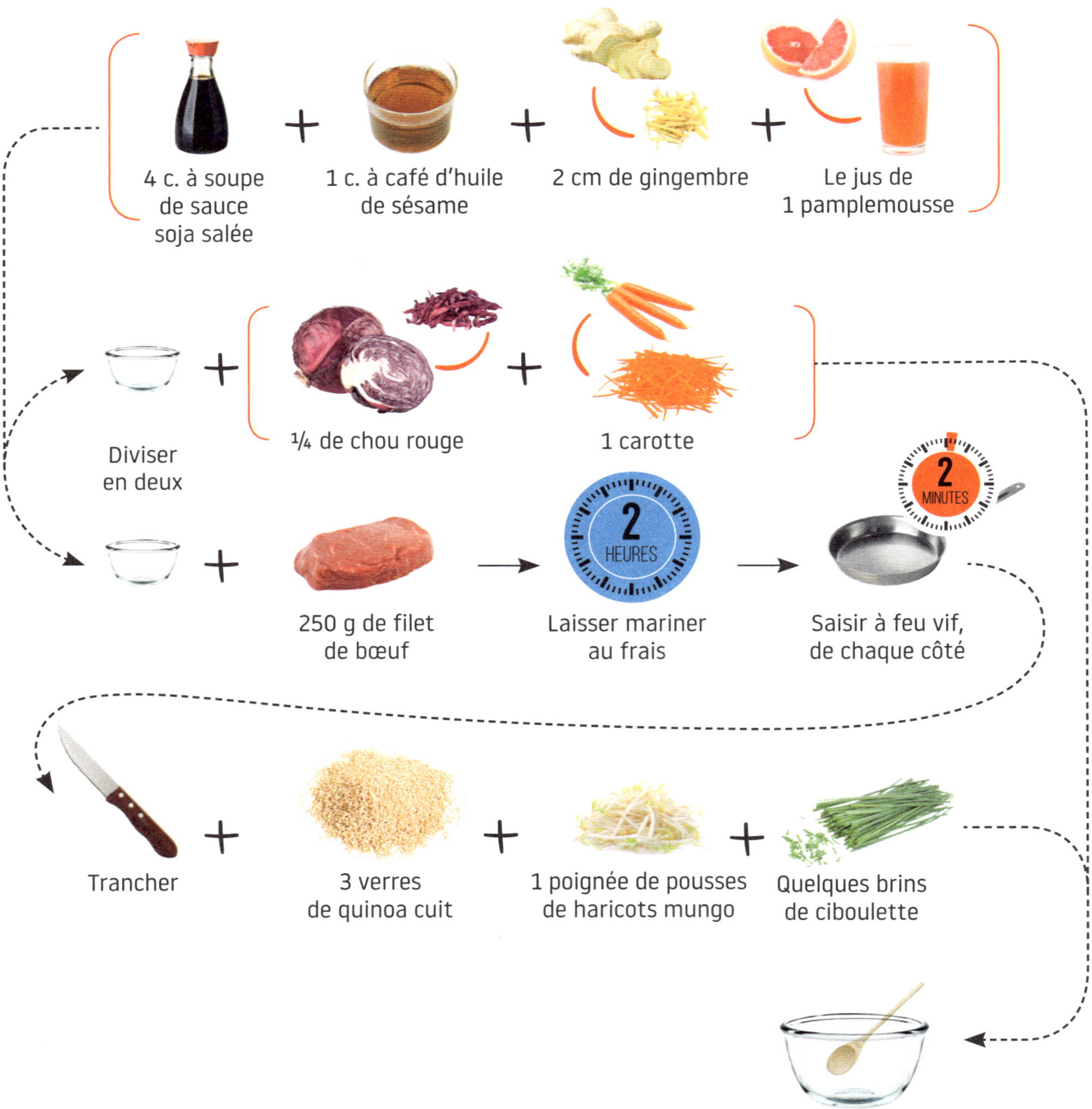

POUR 2 PERSONNES
PRÉPARATION : 15 MINUTES
MARINADE : 2 HEURES
CUISSON : 4 MINUTES

- 4 c. à soupe de sauce soja salée
- 1 c. à café d'huile de sésame
- 2 cm de gingembre
- 1 pamplemousse
- ¼ de chou rouge
- 1 carotte
- 250 g de filet de bœuf
- 3 verres de quinoa cuit
- 1 poignée de pousses de haricots mungo
- Quelques brins de ciboulette

47 FAÇON PAD THAÏ
au bœuf et crème d'avocat

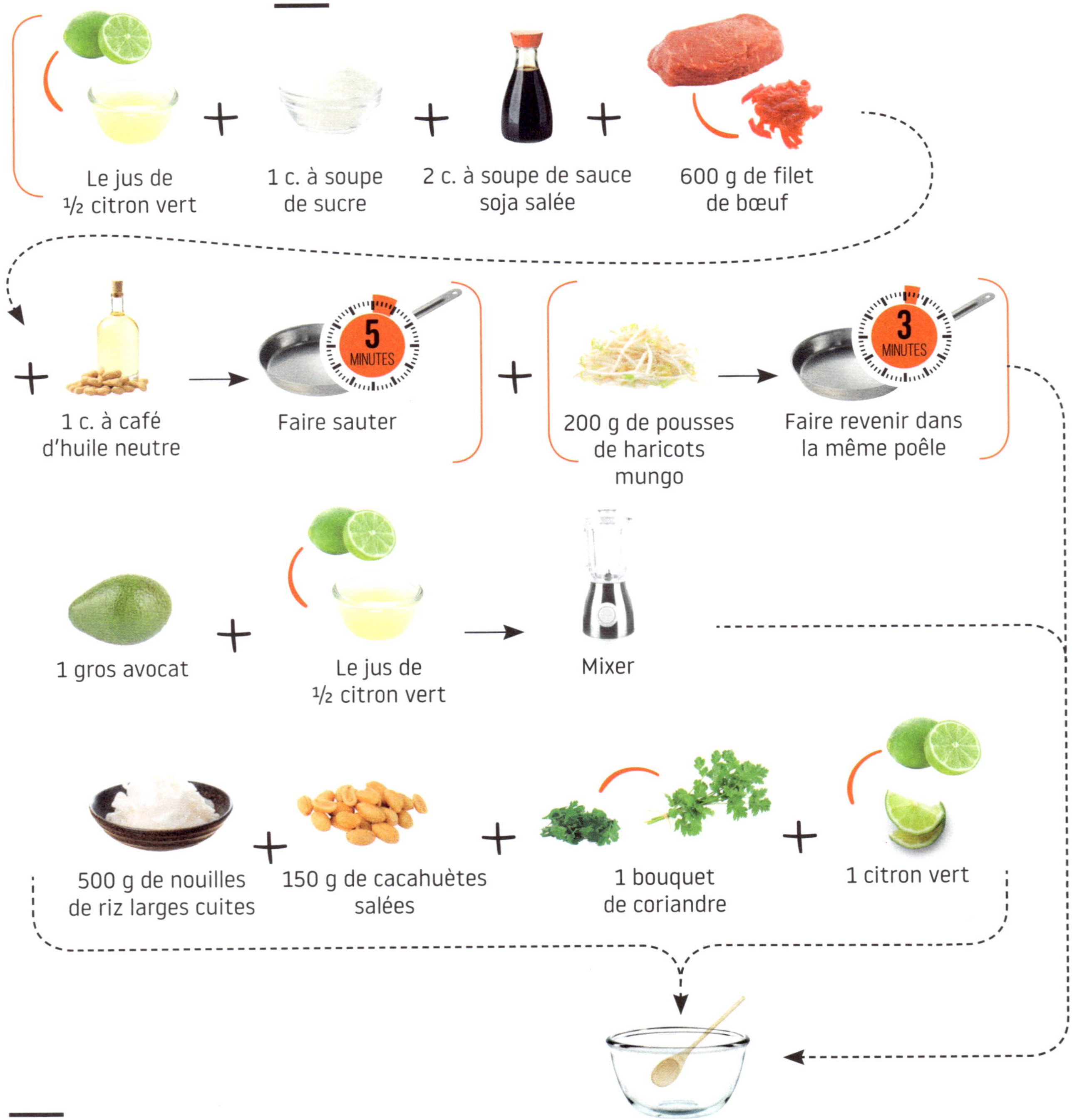

POUR 4 PERSONNES
PRÉPARATION : 20 MINUTES
CUISSON : 8 MINUTES

- 2 citrons verts
- 1 c. à soupe de sucre
- 2 c. à soupe de sauce soja salée
- 600 g de filet de bœuf
- 200 g de pousses de haricots mungo
- 1 gros avocat
- 500 g de nouilles de riz larges cuites
- 150 g de cacahuètes salées
- 1 bouquet de coriandre
- Huile neutre

48 SALADE
landaise

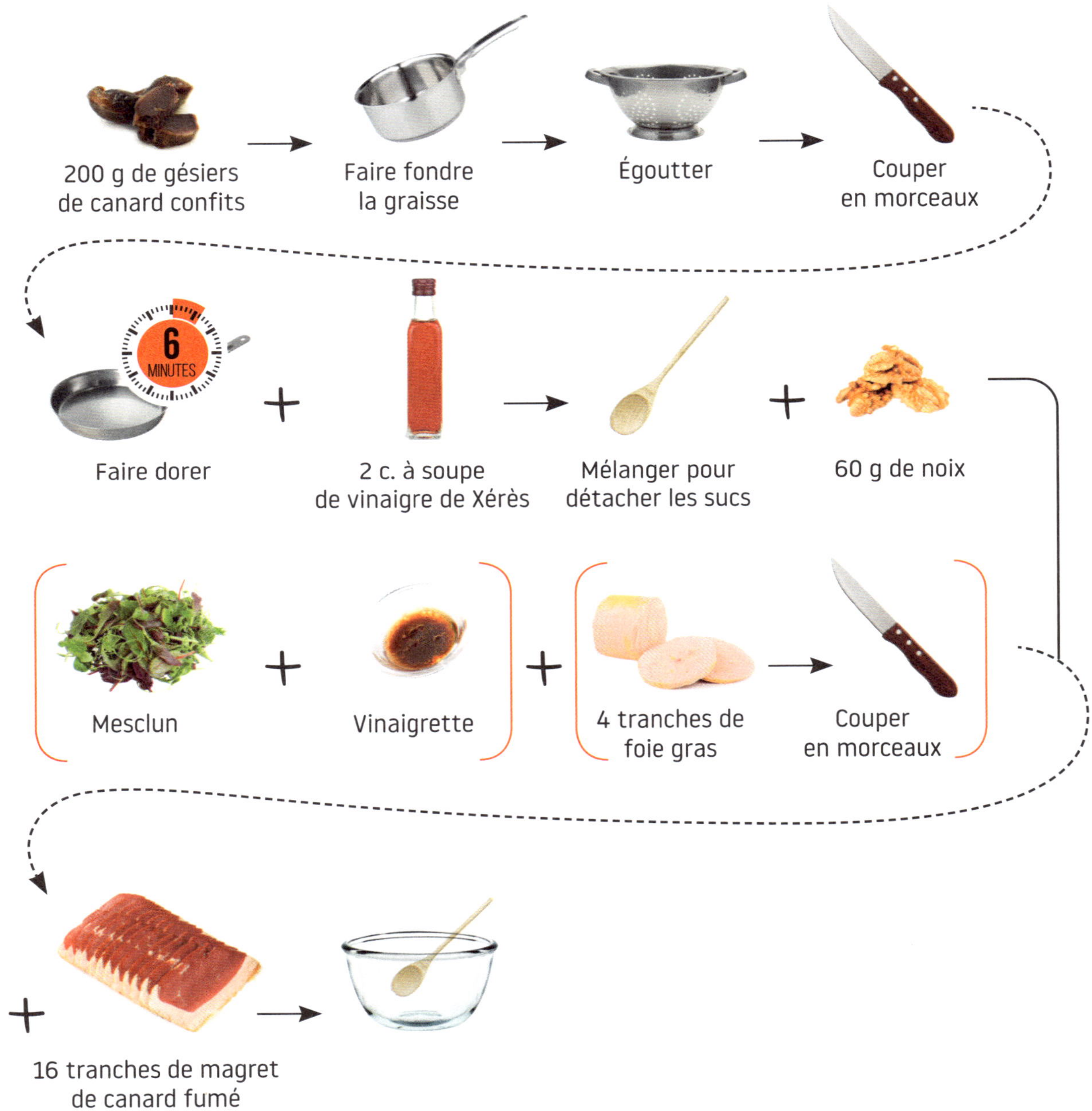

POUR 4 PERSONNES
PRÉPARATION : 20 MINUTES
CUISSON : 6 MINUTES

- 200 g de gésiers de canard confits
- 60 g de noix
- Mesclun
- 4 tranches de foie gras
- 16 tranches de magret de canard fumé
- Vinaigre de Xérès
- Vinaigrette

49 SALADE TIÈDE

aux œufs de caille et au jambon

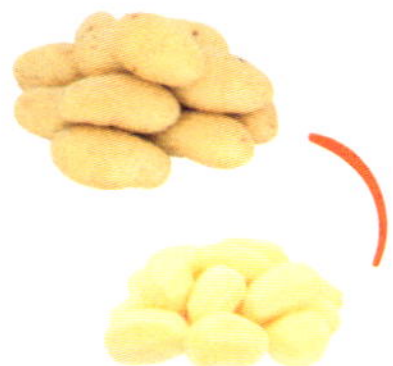

8 pommes de terre
à chair ferme

→

À l'eau bouillante,
à feu vif

→

Couper en tranches

12 œufs de caille

→

À l'eau bouillante,
à feu vif

→

Écaler
et couper en 2

\+ 

½ botte
de ciboulette

\+ 

200 g de dés
de jambon

\+ 

Vinaigrette
à la moutarde

→ 

POUR 4 PERSONNES
PRÉPARATION : 20 MINUTES
CUISSON : 20 MINUTES

- 8 pommes de terre à chair ferme
- 12 œufs de caille
- ½ botte de ciboulette
- 200 g de dés de jambon
- Vinaigrette à la moutarde

50 POMMES DE TERRE, *petits pois et jambon*

POUR 4 PERSONNES
PRÉPARATION : 20 MINUTES

- 200 g de fromage blanc
- 2 œufs durs
- 10 brins de ciboulette
- 400 g de pommes de terre cuites
- 2 carottes cuites
- 200 g de dés de jambon
- 4 gros cornichons
- 200 g de petits pois cuits
- Moutarde

51 SALADE FORESTIÈRE

au saucisson

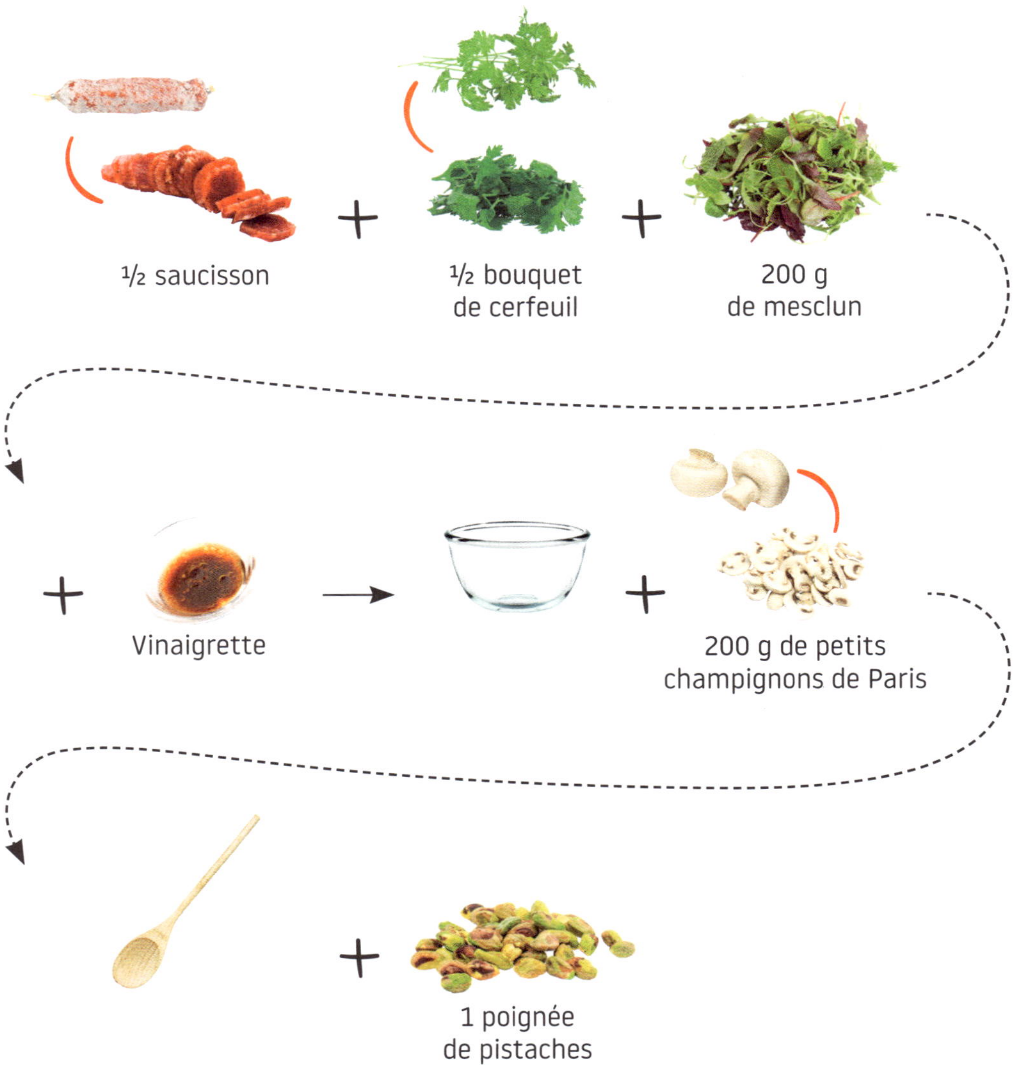

POUR 4 PERSONNES
PRÉPARATION : 15 MINUTES

- ½ saucisson
- ½ bouquet de cerfeuil
- 200 g de mesclun
- 200 g de champignons de Paris
- 1 poignée de pistaches
- Vinaigrette

52 SALADE DE PÂTES
ensoleillées

POUR 4 PERSONNES
PRÉPARATION : 20 MINUTES
CUISSON : 10 MINUTES

- 250 g de fusilli
- 200 g de tomates cerises
- 2 petites courgettes
- 5 grandes tranches de jambon cru
- 1 poignée de pignons de pin
- Quelques feuilles de basilic
- Vinaigrette au balsamique

53 TAGLIATELLES
de courgettes carbonara

1 c. à café d'huile de tournesol

\+

1 oignon

\+

125 g de jambon

\+

30 g de fromage ail et fines herbes

→

À feu moyen

\+

20 cl de lait

\+

2 courgettes

→

À feu vif

\+

POUR 6 PERSONNES
PRÉPARATION : 10 MINUTES
CUISSON : 6 MINUTES

- 1 oignon
- 125 g de jambon
- 30 g de fromage ail et fines herbes
- 20 cl de lait
- 2 courgettes
- Huile de tournesol

54 SALADE EXOTIQUE

bresaola et trévise

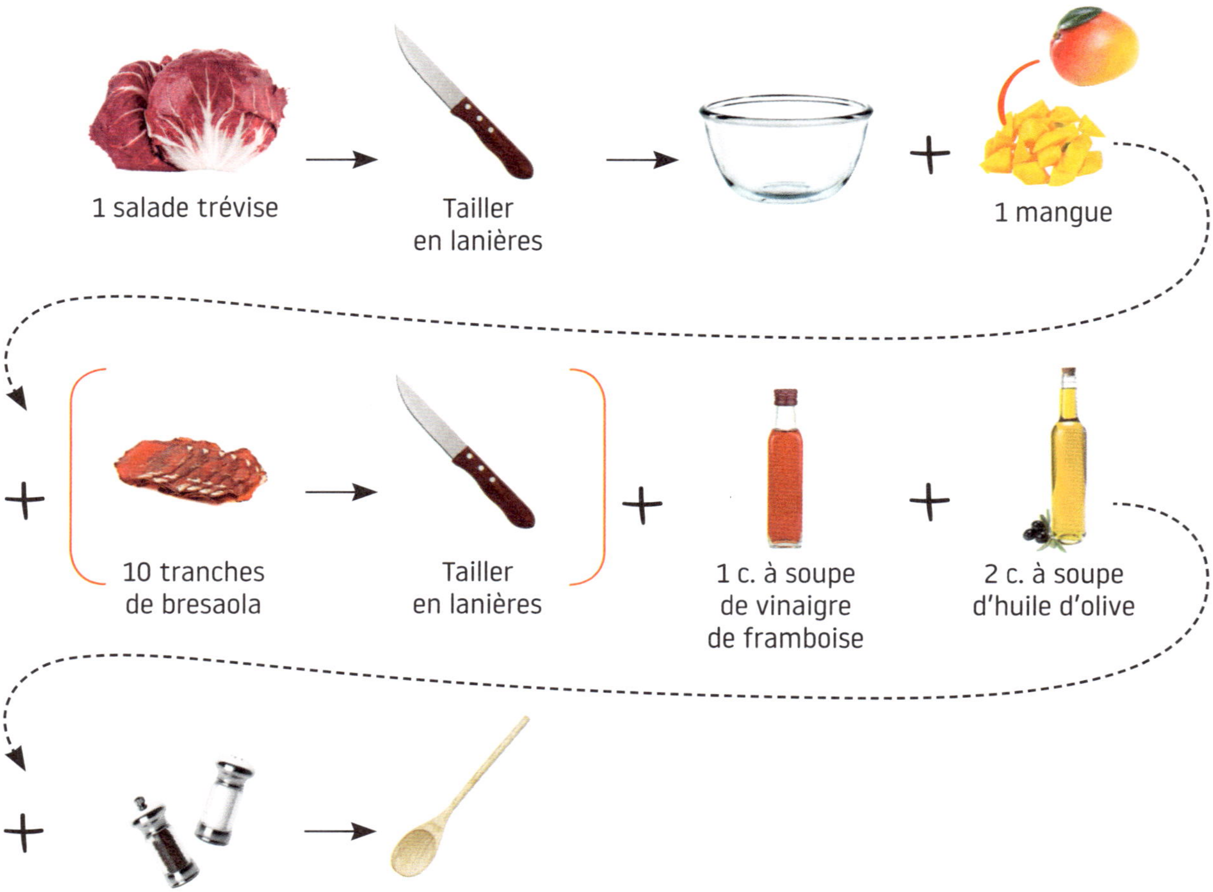

POUR 4 PERSONNES
PRÉPARATION : 15 MINUTES

- 1 salade trévise
- 1 mangue
- 10 tranches de bresaola
- Vinaigre de framboise
- Huile d'olive

55 SALADE
bo bun

150 g de vermicelles de riz

+

Eau bouillante

→

Laisser gonfler

→

Rincer

+

4 c. à soupe de sauce pour nems

+

8 feuilles de laitue

+

2 carottes

+

1 concombre

+

8 nems grillés

→

Couper en 2

+

4 c. à soupe de cacahuètes

+

4 brins de menthe

+

1 filet d'huile de sésame

POUR 4 PERSONNES
PRÉPARATION : 15 MINUTES
CUISSON : 5 MINUTES

- 150 g de vermicelles de riz
- 8 feuilles de laitue
- 2 carottes
- 1 concombre
- 8 nems
- 4 c. à soupe de cacahuètes
- 4 brins de menthe
- 4 c. à soupe de sauce pour nems
- Huile de sésame

56 SALADE DE PÂTES
au poulet et à la roquette

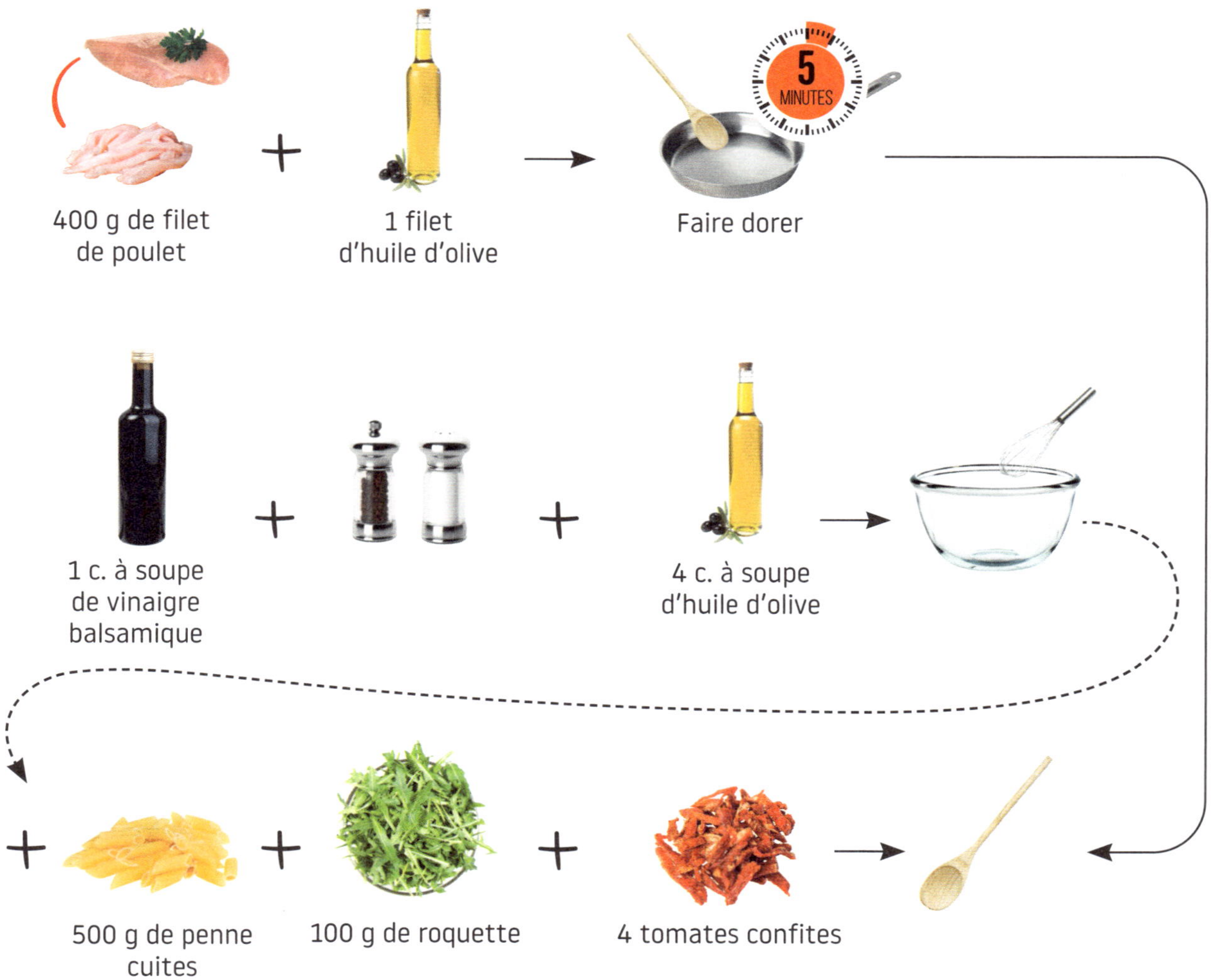

POUR 4 PERSONNES
PRÉPARATION : 15 MINUTES
CUISSON : 5 MINUTES

- 400 g de filet de poulet
- 500 g de penne cuites
- 100 g de roquette
- 4 tomates confites
- Vinaigre balsamique
- Huile d'olive

57 SALADE DE POULET *aux fromages*

4 sucrines

+

300 g de maïs en boîte

+

120 g de fromage Tête de moine

+

80 g de gouda au cumin

+

200 g de jambon de poulet

+

12 petits cornichons

+

12 olives noires

+

Vinaigrette

→

POUR 4 PERSONNES
PRÉPARATION : 15 MINUTES

- 4 sucrines
- 300 g de maïs en boîte
- 120 g de fromage Tête de moine
- 80 g de gouda au cumin
- 200 g de jambon de poulet
- 12 petits cornichons
- 12 olives noires
- Vinaigrette

58 POULET, QUINOA, *avocat et épinards*

POUR 2 PERSONNES
PRÉPARATION : 10 MINUTES
CUISSON : 10 MINUTES

- 350 g de quinoa tricolore cuit
- 2 poignées de pousses d'épinards
- 150 g de filet de poulet
- ½ avocat
- Quelques brins de coriandre
- 6 tomates cerises
- 2 c. à café de crème fraîche épaisse
- 1 rondelle de citron
- Huile d'olive

59 POULET MARINÉ,

pois gourmands, épinards et radis

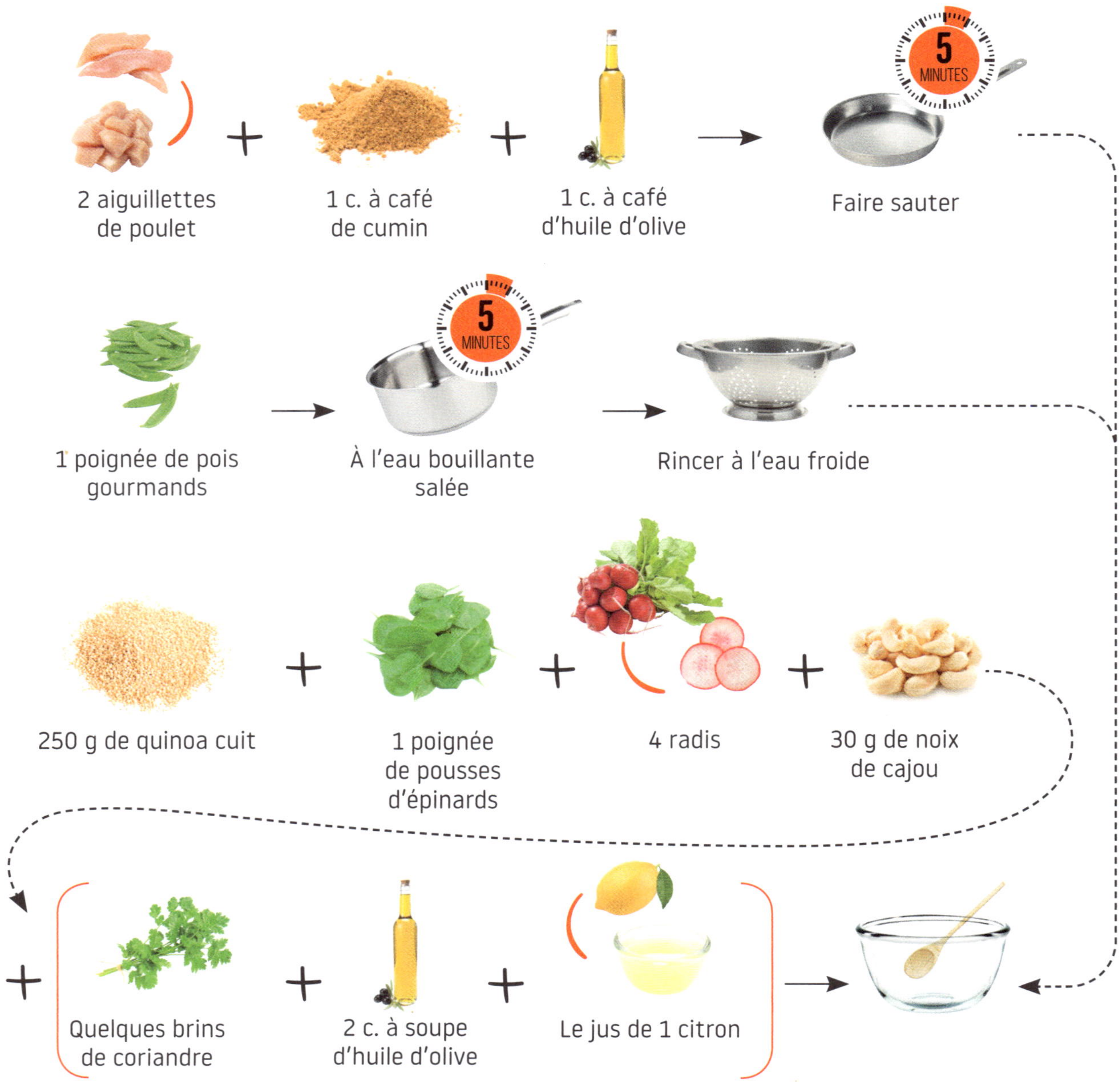

POUR 1 PERSONNE
PRÉPARATION : 10 MINUTES
CUISSON : 10 MINUTES

- 2 aiguillettes de poulet
- 1 c. à café de cumin
- 1 poignée de pois gourmands
- 250 g de quinoa cuit
- 1 poignée de pousses d'épinards
- 4 radis
- 30 g de noix de cajou
- Quelques brins de coriandre
- 1 citron
- Huile d'olive

60 FAÇON COBB *salad*

150 g de filet de poulet + 1 c. à soupe d'huile d'olive → Faire revenir

1 petit poivron rouge + ½ courgette + 1 c. à soupe d'huile d'olive → Faire revenir

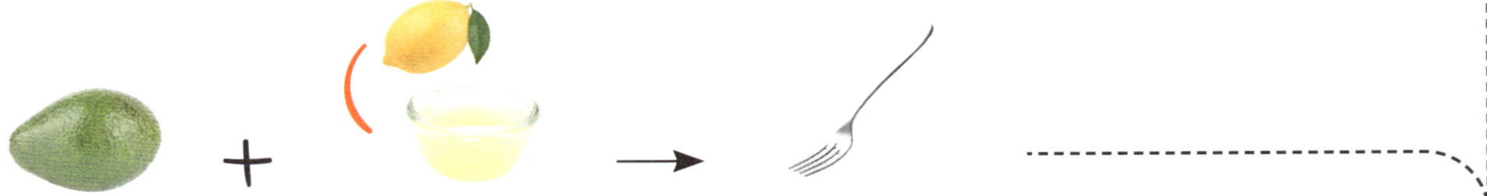

1 avocat + Le jus de ½ citron → Écraser

300 g de riz basmati cuit + 60 g de roquefort + 6 tomates cerises + 10 cerneaux de noix →

POUR 2 PERSONNES
PRÉPARATION : 10 MINUTES
CUISSON : 10 MINUTES

- 150 g de filet de poulet
- 1 petit poivron rouge
- ½ courgette
- 1 avocat
- ½ citron
- 300 g de riz basmati cuit
- 60 g de roquefort
- 6 tomates cerises
- 10 cerneaux de noix
- Huile d'olive

61 POULET
et pois chiches à la harissa

POUR 4 PERSONNES
PRÉPARATION : 20 MINUTES
CUISSON : 6 MINUTES

- 1 c. à soupe de miel liquide
- 1 c. à café de harissa
- 2 filets de poulet
- 400 g de pois chiches en bocal
- 125 g de mesclun
- ½ piment rouge doux
- ½ botte de coriandre
- Huile d'olive

62 SALADE D'ASPERGES,
haricots et dinde

1 botte d'asperges vertes

→

À l'eau bouillante, à feu moyen

→

→

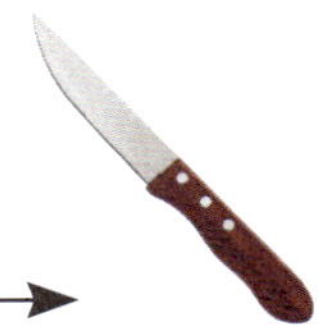

Couper en 2 dans la longueur

150 g de haricots verts équeutés

→

À l'eau bouillante, à feu vif

→

3 escalopes de dinde

+

2 c. à soupe d'huile d'olive

→

De chaque côté

+

1 gousse d'ail

1 citron confit

+

½ bouquet de basilic

+

→

POUR 4 PERSONNES
PRÉPARATION : 20 MINUTES
CUISSON : 10 MINUTES

- 1 botte d'asperges vertes
- 150 g de haricots verts
- 3 escalopes de dinde
- 1 gousse d'ail
- 1 citron confit
- ½ bouquet de basilic
- Huile d'olive

63 BOWL DINDE,
pickles et champignons

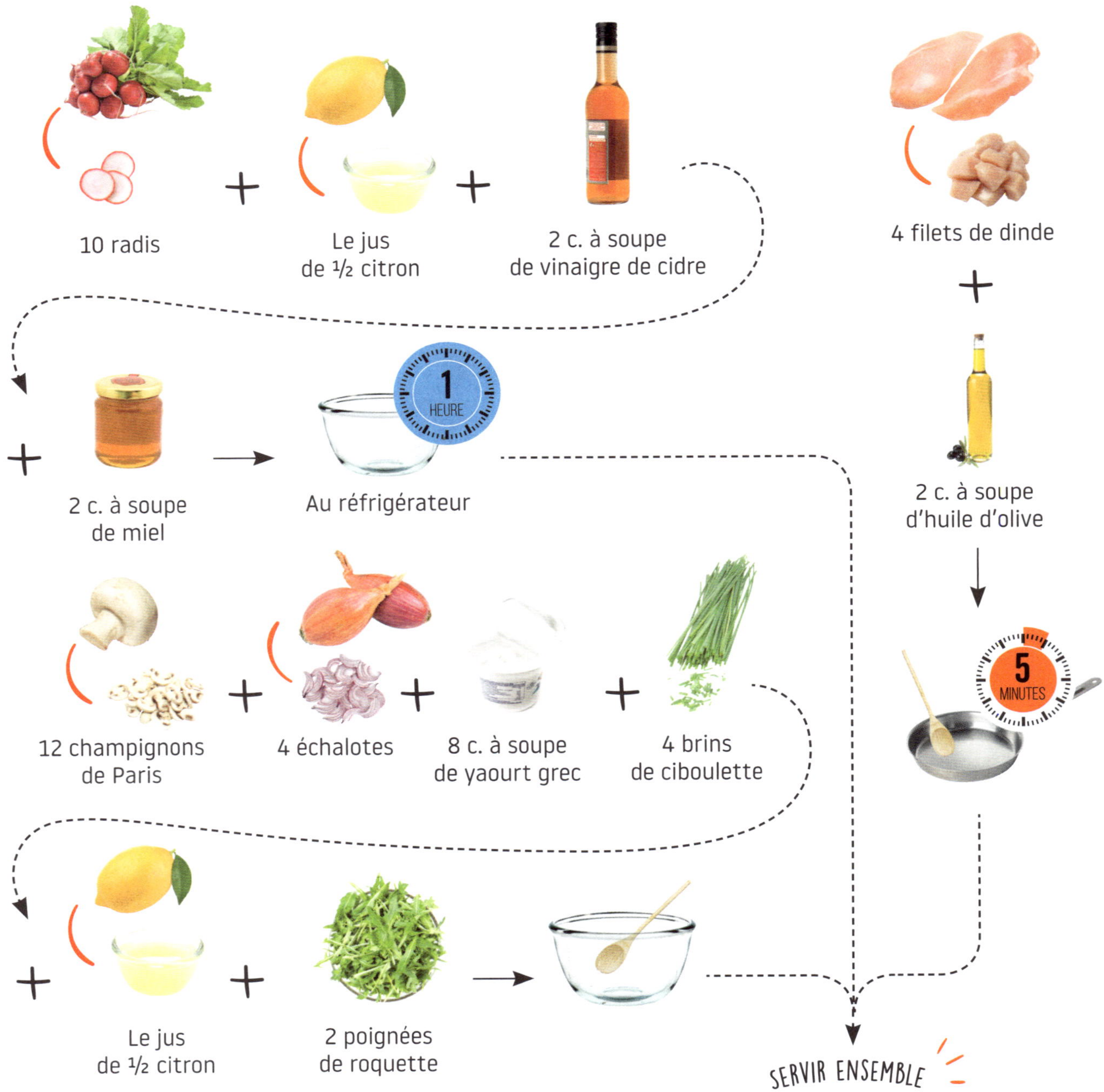

POUR 4 PERSONNES
PRÉPARATION : 10 MINUTES
CUISSON : 5 MINUTES
REPOS : 1 HEURE

- 4 filets de dinde
- 10 radis
- 1 citron
- 2 c. à soupe de miel
- 12 champignons de Paris
- 4 échalotes
- 8 c. à soupe de yaourt grec
- 4 brins de ciboulette
- 2 poignées de roquette
- Vinaigre de cidre
- Huile d'olive

64 SALADE DE DINDE
aux fruits secs

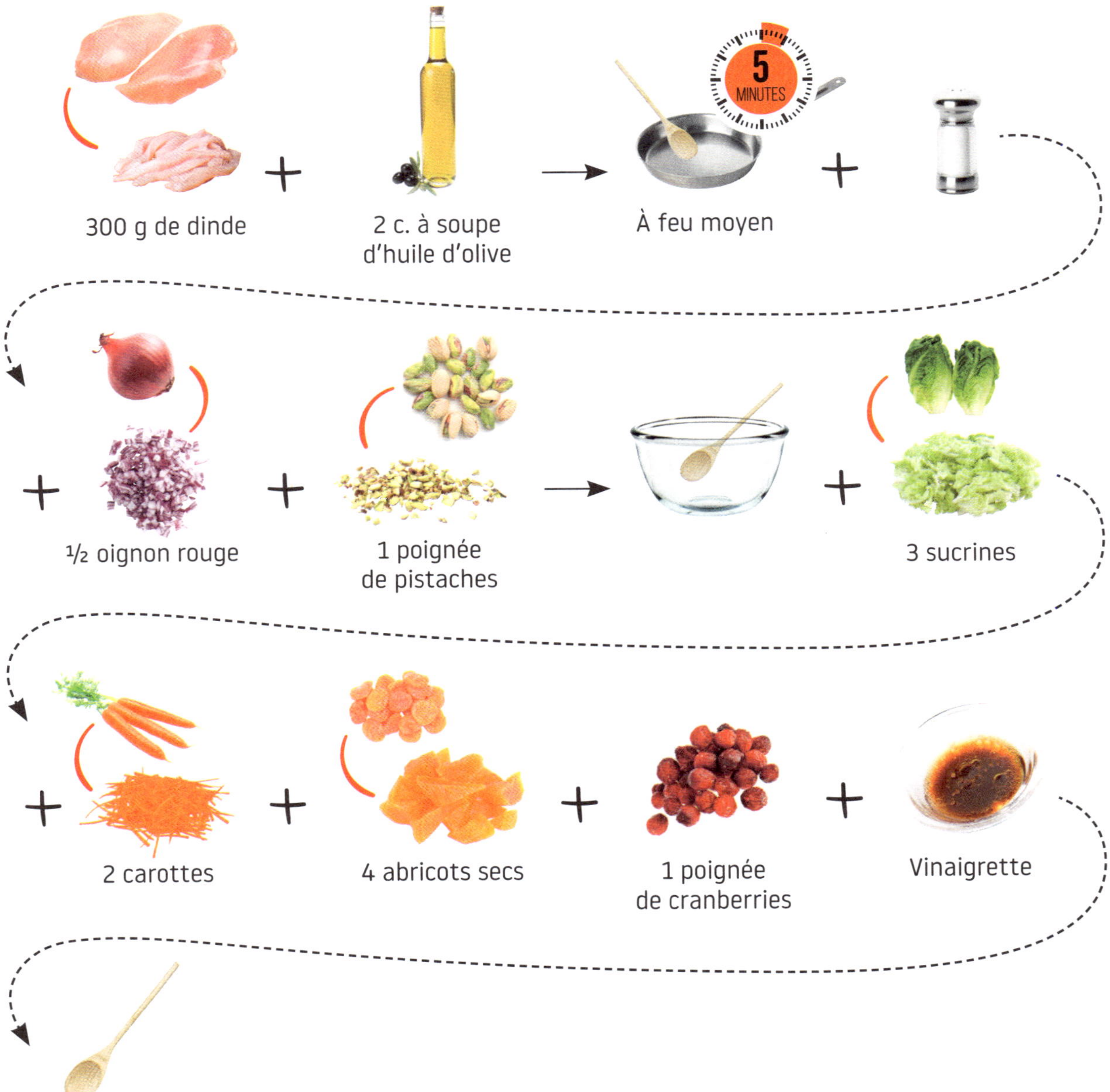

POUR 4 PERSONNES
PRÉPARATION : 15 MINUTES
CUISSON : 5 MINUTES

- 300 g de dinde
- ½ oignon rouge
- 1 poignée de pistaches
- 3 sucrines
- 2 carottes
- 4 abricots secs
- 1 poignée de cranberries
- Vinaigrette
- Huile d'olive

65 SALADE
fattouche

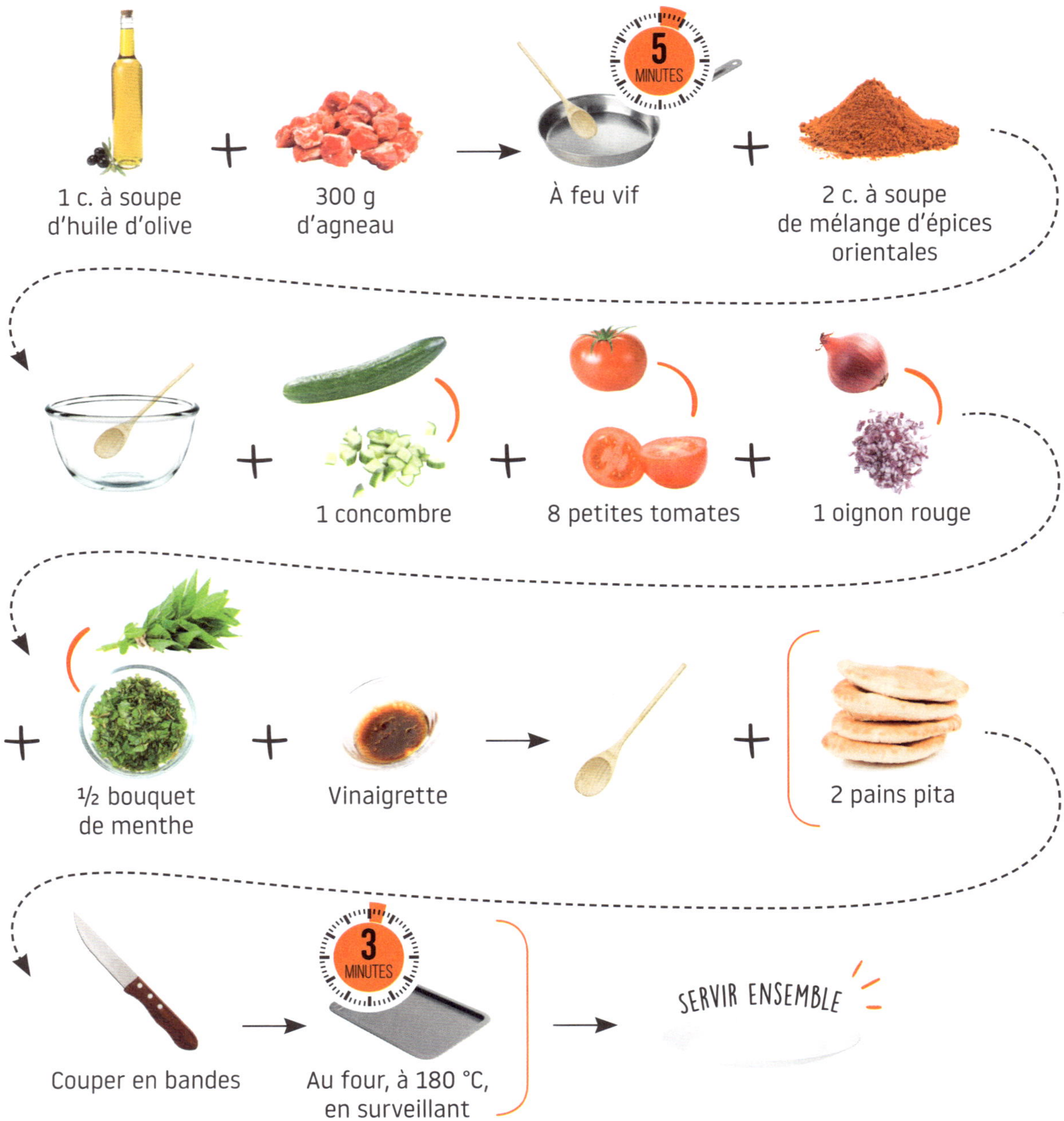

POUR 4 PERSONNES
PRÉPARATION : 20 MINUTES
CUISSON : 8 MINUTES

- 300 g d'agneau
- 2 c. à soupe de mélange d'épices orientales
- 1 concombre
- 8 petites tomates
- 1 oignon rouge
- ½ bouquet de menthe
- 2 pains pita
- Vinaigrette
- Huile d'olive

66 SALADE DE RIZ ROUGE,
saumon et fenouil

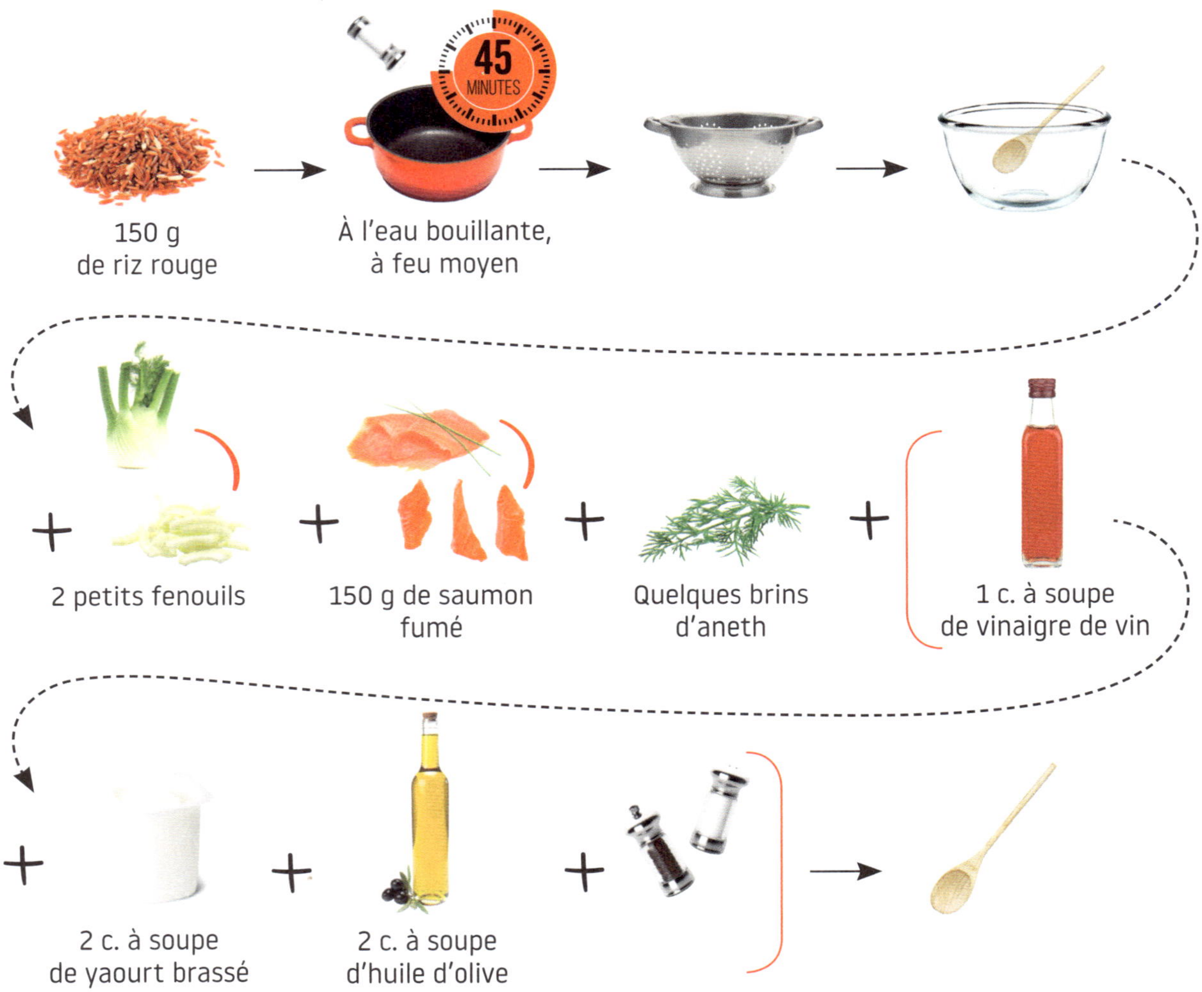

POUR 4 PERSONNES
PRÉPARATION : 15 MINUTES
CUISSON : 45 MINUTES

- 150 g de riz rouge
- 2 petits fenouils
- 150 g de saumon fumé
- Quelques brins d'aneth
- 2 c. à soupe de yaourt brassé
- Vinaigre de vin
- Huile d'olive

67 SALADE DE SAUMON
aux légumes d'hiver

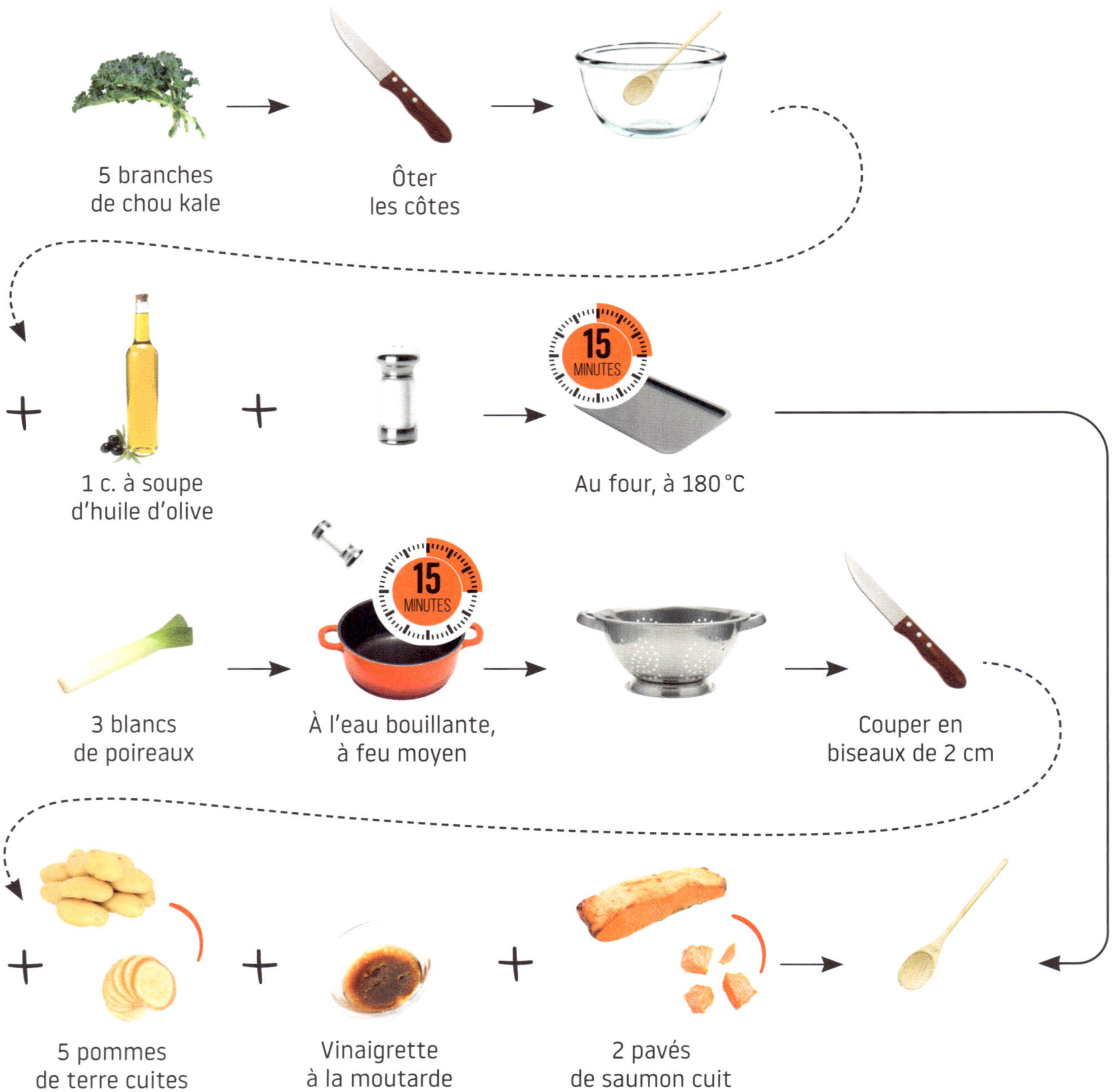

POUR 4 PERSONNES
PRÉPARATION : 15 MINUTES
CUISSON : 15 MINUTES

- 5 branches de chou kale
- 3 blancs de poireaux
- 5 pommes de terre
- 2 pavés de saumon cuit
- Vinaigrette à la moutarde
- Huile d'olive

68 SAUMON MARINÉ,
chou rouge, ananas et edamames

POUR 2 PERSONNES
PRÉPARATION : 15 MINUTES
REPOS : 1 HEURE
CUISSON : 6 MINUTES

- 2 pavés de saumon
- 1 filet de jus de citron vert
- 2 c. à soupe de sauce soja salée
- 150 g de riz à sushi cuit
- 200 g d'edamames
- ¼ de chou rouge
- ½ ananas
- 1 c. à soupe de graines de sésame
- Vinaigre de riz

69 TARTARE DE SAUMON,
crudités, riz blanc et avocats

POUR 4 PERSONNES
PRÉPARATION : 20 MINUTES

- 500 g de riz à sushi cuit
- 5 c. à soupe de sucre
- 650 g de pavé de saumon
- 2 avocats
- 150 g de champignons shiitaké
- 1 grosse carotte
- 1 concombre
- 1 c. à café de gingembre en poudre
- 6 c. à soupe de sauce soja salée
- 1 c. à soupe d'huile de sésame
- 1 c. à soupe de graines de sésame noir et blanc
- Vinaigre de riz

70 MI-CUIT DE SAUMON,
avocats et quinoa

500 g de pavé
de saumon

Rouler dans
4 c. à soupe
de sésame doré

\+

2 c. à soupe
de vinaigre balsamique

Dorer sur toutes
les faces à feu vif

2 verres
de quinoa rouge
cuit

\+

2 poignées
de pourpier
ou de mâche

2 avocats

\+

1 chou-rave

\+

Le jus
de 1 citron

POUR 4 PERSONNES
PRÉPARATION : 15 MINUTES
CUISSON : 8 MINUTES

- 500 g de pavé de saumon
- 4 c. à soupe de graines de sésame doré
- 2 verres de quinoa rouge cuit
- 2 poignées de pourpier ou de mâche
- 2 avocats
- 1 chou-rave
- 1 citron
- Vinaigre balsamique

71 LENTILLES, SAUMON FUMÉ,
œuf mollet et carmine

3 verres de lentilles cuites + ½ échalote + 3 c. à soupe de vinaigrette

3 tranches de saumon fumé + Le jus de ½ citron

1 œuf → Faire cuire à l'eau bouillante → Écaler et couper en 2

1 salade carmine + 6 brins de ciboulette + 2 c. à soupe de graines de lin

POUR 2 PERSONNES
PRÉPARATION : 10 MINUTES
CUISSON : 7 MINUTES

- 3 verres de lentilles cuites
- ½ échalote
- 3 tranches de saumon fumé
- ½ citron
- 1 œuf
- 1 salade carmine
- 6 brins de ciboulette
- 2 c. à soupe de graines de lin
- Vinaigrette

72 SALADE DE CHOUCROUTE

crue et truite fumée

POUR 4 PERSONNES
PRÉPARATION : 15 MINUTES

- 400 g de choucroute crue
- 100 g de truite fumée
- 1 pomme
- ½ citron
- 12 noisettes
- Quelques brins d'aneth
- 1 c. à café de raifort
- Vinaigrette à la moutarde

73 POMMES DE TERRE
et truite fumée

POUR 4 PERSONNES
PRÉPARATION : 15 MINUTES

- 60 g de crème fraîche
- 10 brins de ciboulette
- 200 g de petites pommes de terre
- 125 g de cœurs de salade
- 200 g de truite fumée
- 150 g de concombre
- 1 avocat
- 20 g de fines pousses d'alfalfa
- 12 noisettes
- Moutarde
- Vinaigre de Xérès

74 SALADE DE THON

au quinoa, haricots verts et tomates

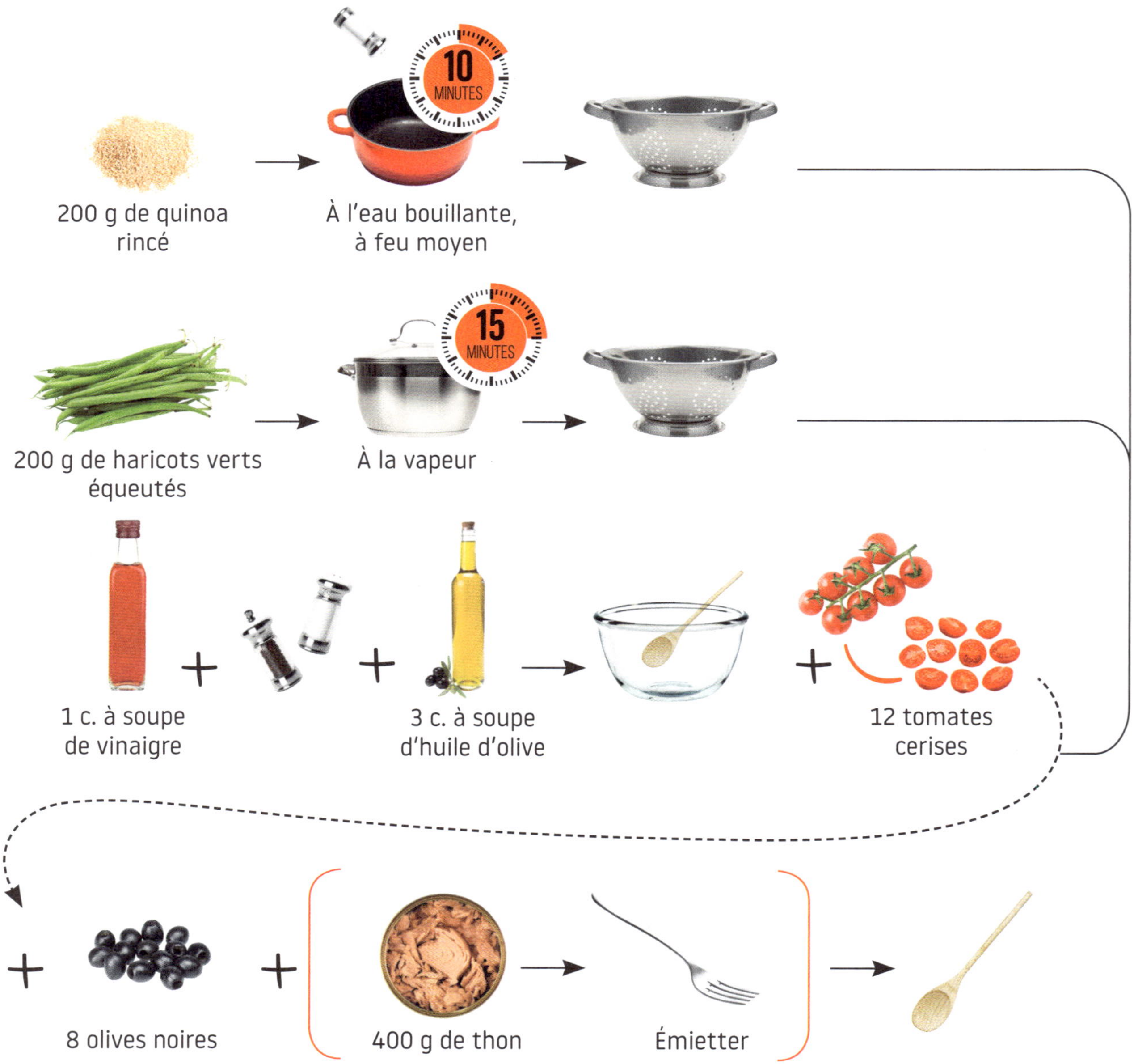

POUR 4 PERSONNES
PRÉPARATION : 15 MINUTES
CUISSON : 15 MINUTES

- 200 g de quinoa
- 200 g de haricots verts
- 12 tomates cerises
- 8 olives noires
- 400 g de thon au naturel
- Vinaigre
- Huile d'olive

75 SALADE DE RIZ ET DE THON

sucrée-salée

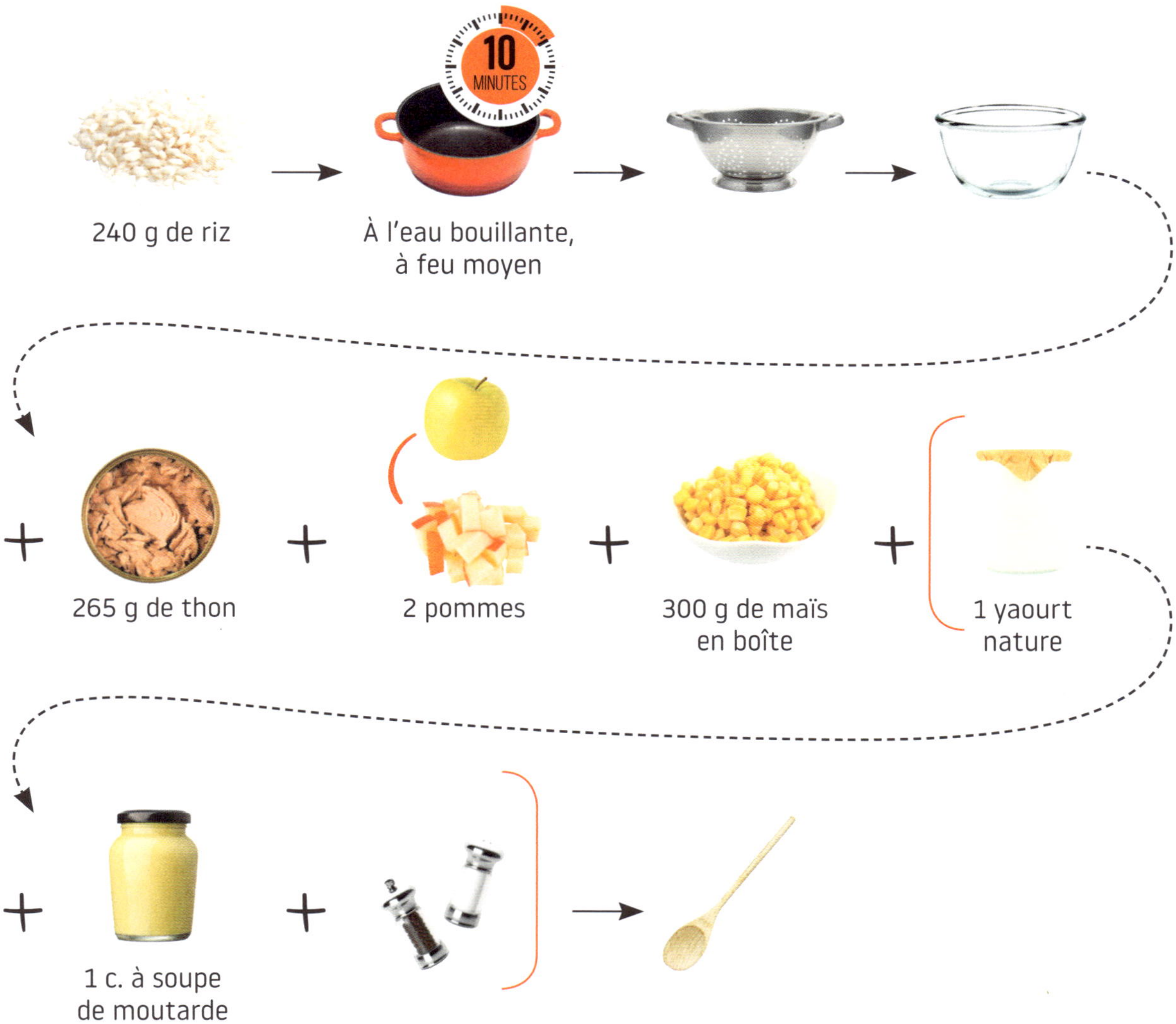

POUR 4 PERSONNES
PRÉPARATION : 20 MINUTES
CUISSON : 10 MINUTES

- 240 g de riz
- 265 g de thon au naturel
- 2 pommes
- 300 g de maïs en boîte
- 1 yaourt nature
- Moutarde

76 SALADE
de thon

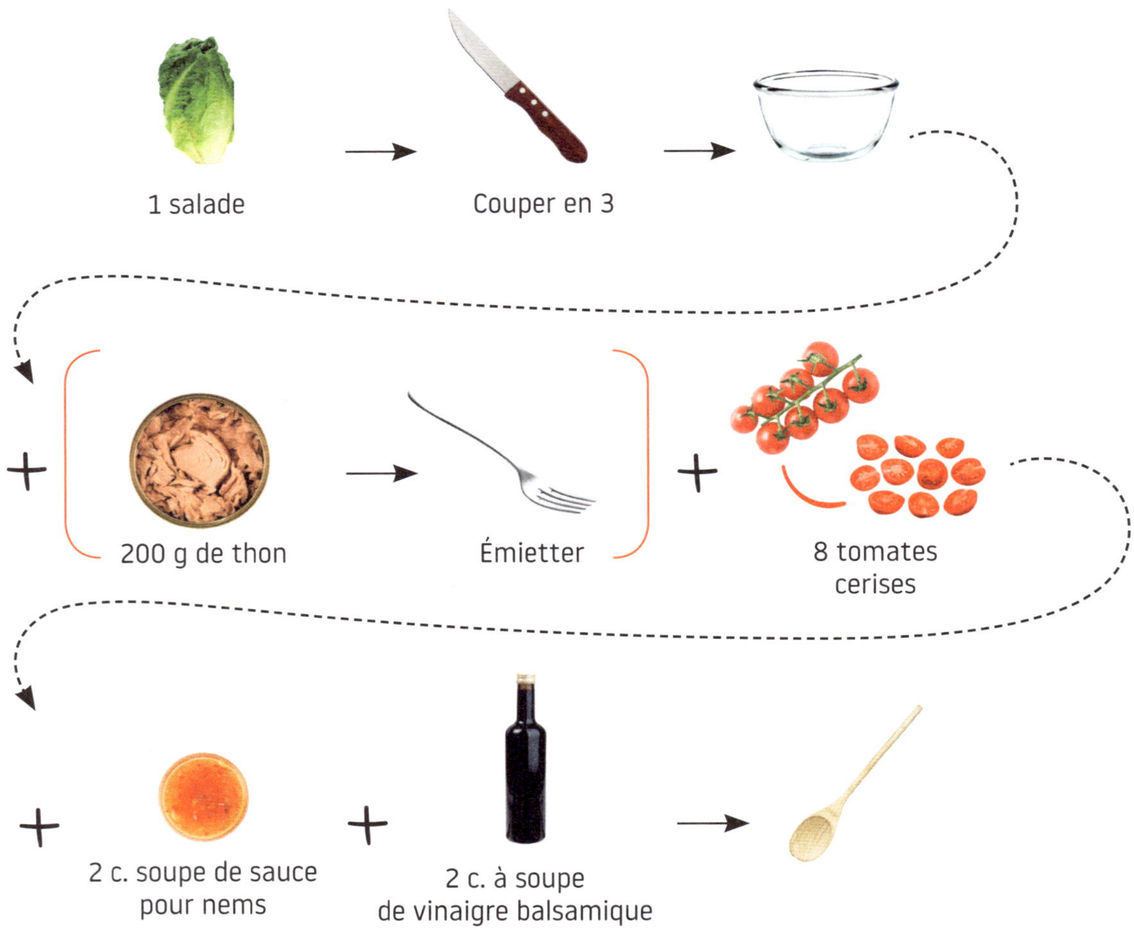

POUR 4 PERSONNES
PRÉPARATION : 10 MINUTES

- 1 salade
- 200 g de thon au naturel
- 8 tomates cerises
- 2 c. à soupe de sauce pour nems
- Vinaigre balsamique

77 NOUILLES SOBA,
thon mariné et crudités

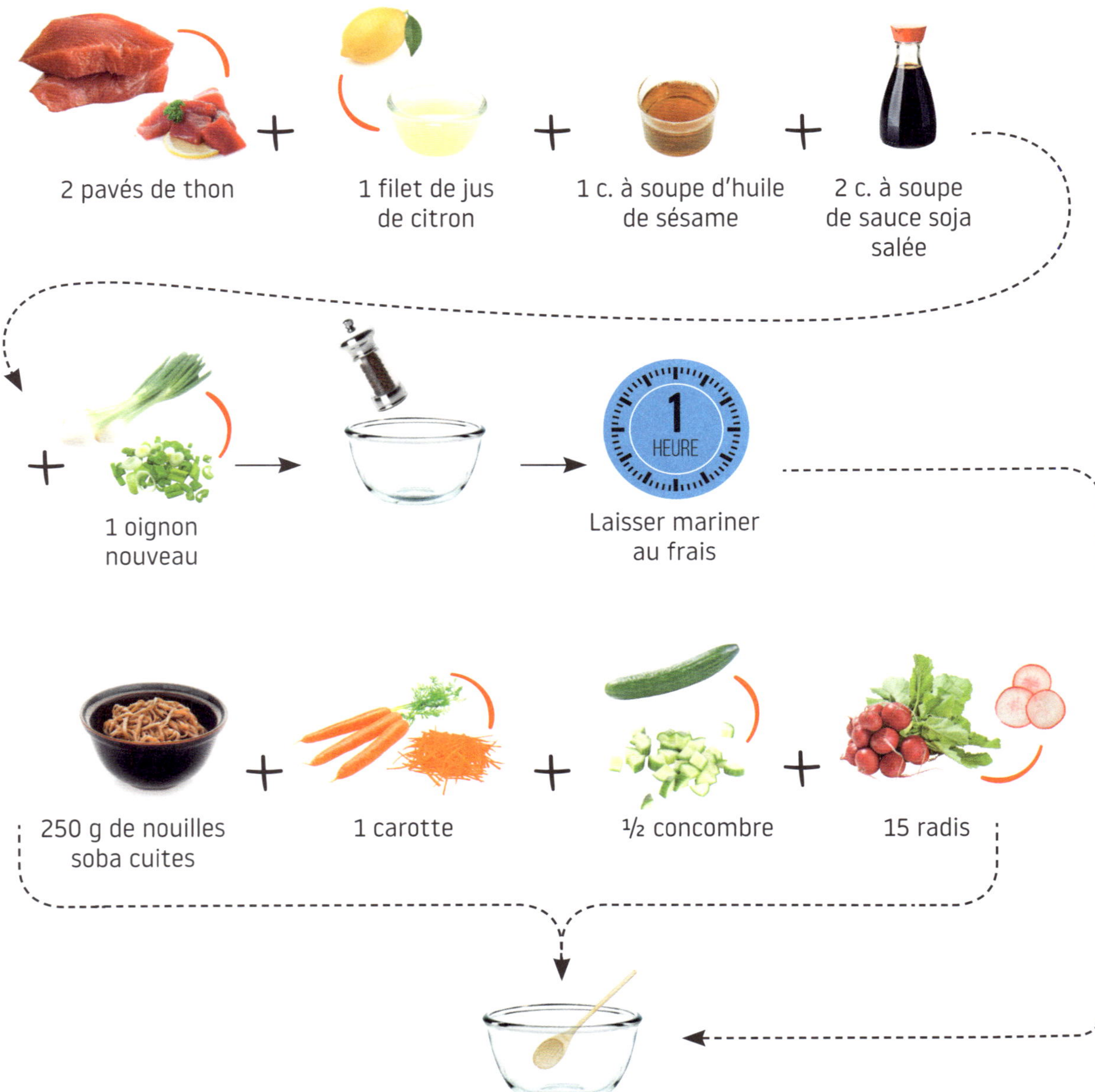

POUR 2 PERSONNES
PRÉPARATION : 15 MINUTES
REPOS : 1 HEURE

- 2 pavés de thon
- 1 filet de jus de citron
- 2 c. à soupe de sauce soja salée
- 1 oignon nouveau
- 250 g de nouilles soba cuites
- 1 carotte
- ½ concombre
- 15 radis
- Huile de sésame

78 SALADE DE POIS CHICHES
au thon

POUR 4 PERSONNES
PRÉPARATION : 10 MINUTES

- 350 g de pois chiches en bocal
- 2 poignées de roquette
- 265 g de thon au naturel
- 1 oignon rouge
- Huile d'olive
- Vinaigre de cidre

79 SALADE
de la mer

POUR 4 PERSONNES
PRÉPARATION : 10 MINUTES

- 1 salade iceberg
- 112 g de thon au naturel
- 1 échalote
- Quelques brins de ciboulette
- 1 petite carotte
- 2 c. à soupe de sauce soja claire
- Vinaigre balsamique

80 SALADE VAPEUR

cabillaud et asperges

1 botte d'asperges vertes

→

À la vapeur

→

Stopper la cuisson dans un bol d'eau glacée

→

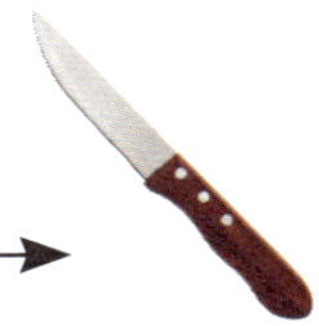

Couper en morceaux

450 g de dos de cabillaud

→

À la vapeur

→

Retirer la peau

300 g de tomates cerises

+

½ botte de radis

+

Vinaigrette

POUR 4 PERSONNES
PRÉPARATION : 15 MINUTES
CUISSON : 13 MINUTES

- 1 botte d'asperges vertes
- 450 g de dos de cabillaud
- 300 g de tomates cerises
- 1/2 botte de radis
- Vinaigrette

81 TRIO DE HARICOTS
et sardines

250 g de haricots blancs cuits

+

250 g de haricots rouges cuits

+

200 g de haricots verts cuits équeutés

+

4 oignons nouveaux

+

20 g de ciboulette

+

12 olives vertes dénoyautées

+

200 g de sardines à l'huile

→

Émietter

+

Vinaigrette

POUR 4 PERSONNES
PRÉPARATION : 10 MINUTES

- 250 g de haricots blancs cuits
- 250 g de haricots rouges cuits
- 200 g de haricots verts cuits
- 4 oignons nouveaux
- 20 g de ciboulette
- 12 olives vertes dénoyautées
- 200 g de sardines à l'huile
- Vinaigrette

82 SALADE DE PÂTES
à la sicilienne

POUR 6 PERSONNES
PRÉPARATION : 20 MINUTES
CUISSON : 10 MINUTES
REPOS : 1 HEURE

- 4 grosses tomates bien mûres
- 125 g d'olives vertes dénoyautées
- 125 g d'olives noires dénoyautées
- 100 g de chèvre frais
- 3 filets d'anchois
- 1 pincée d'origan
- 600 g de penne
- Huile d'olive

83 POKE DORADE
et ananas

500 g de filet de dorade + 2 c. à soupe de sauce teriyaki + 1 c. à soupe d'huile de sésame → 1 HEURE Laisser mariner au frais

120 g d'ananas + 1 courgette + 1 poivron rouge + 1 filet d'huile neutre

5 MINUTES Faire griller à feu vif + 1 c. à soupe de sauce soja sucrée → 2 MINUTES Laisser caraméliser

600 g de riz complet cuit + 1 c. à soupe de vinaigre de riz →

POUR 4 PERSONNES
PRÉPARATION : 15 MINUTES
REPOS : 1 HEURE
CUISSON : 7 MINUTES

- 500 g de filet de dorade
- 2 c. à soupe de sauce teriyaki
- 120 g d'ananas
- 1 courgette
- 1 poivron rouge
- 1 c. à soupe de sauce soja sucrée
- 600 g de riz complet cuit
- Vinaigre de riz
- Huile de sésame
- Huile neutre

84 CREVETTES GRILLÉES
aux pêches et pistaches

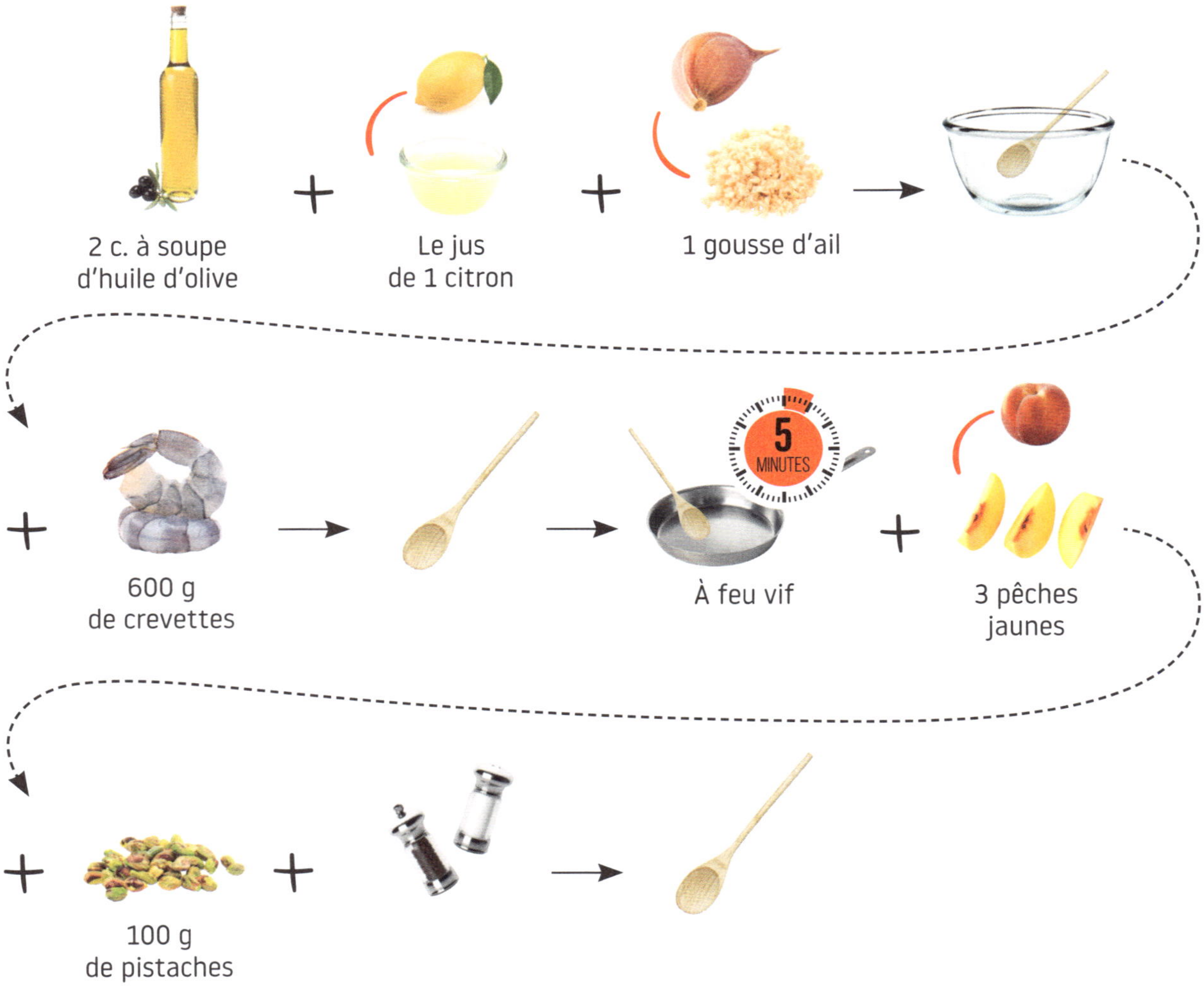

POUR 4 PERSONNES
PRÉPARATION : 15 MINUTES
CUISSON : 5 MINUTES

- 1 citron
- 1 gousse d'ail
- 600 g de crevettes
- 3 pêches jaunes
- 100 g de pistaches
- Huile d'olive

85 SALADE D'AVOCAT
aux crevettes et à la mangue

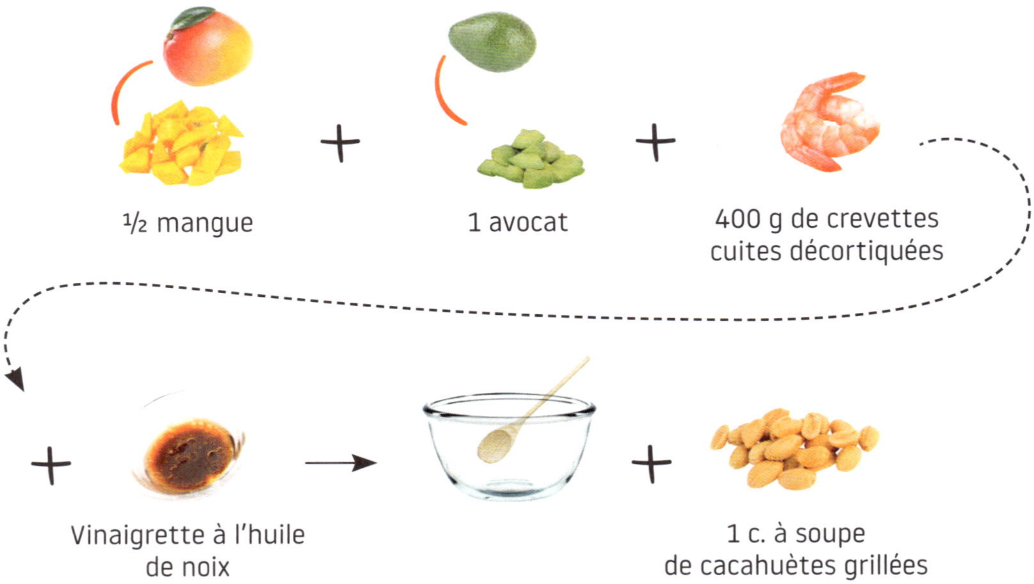

POUR 4 PERSONNES
PRÉPARATION : 15 MINUTES

- ½ mangue pas trop mûre
- 1 avocat
- 400 g de crevettes cuites
- 1 c. à soupe de cacahuètes grillées
- Vinaigrette à l'huile de noix

86 SALADE D'AVOCATS, *asperges et crevettes*

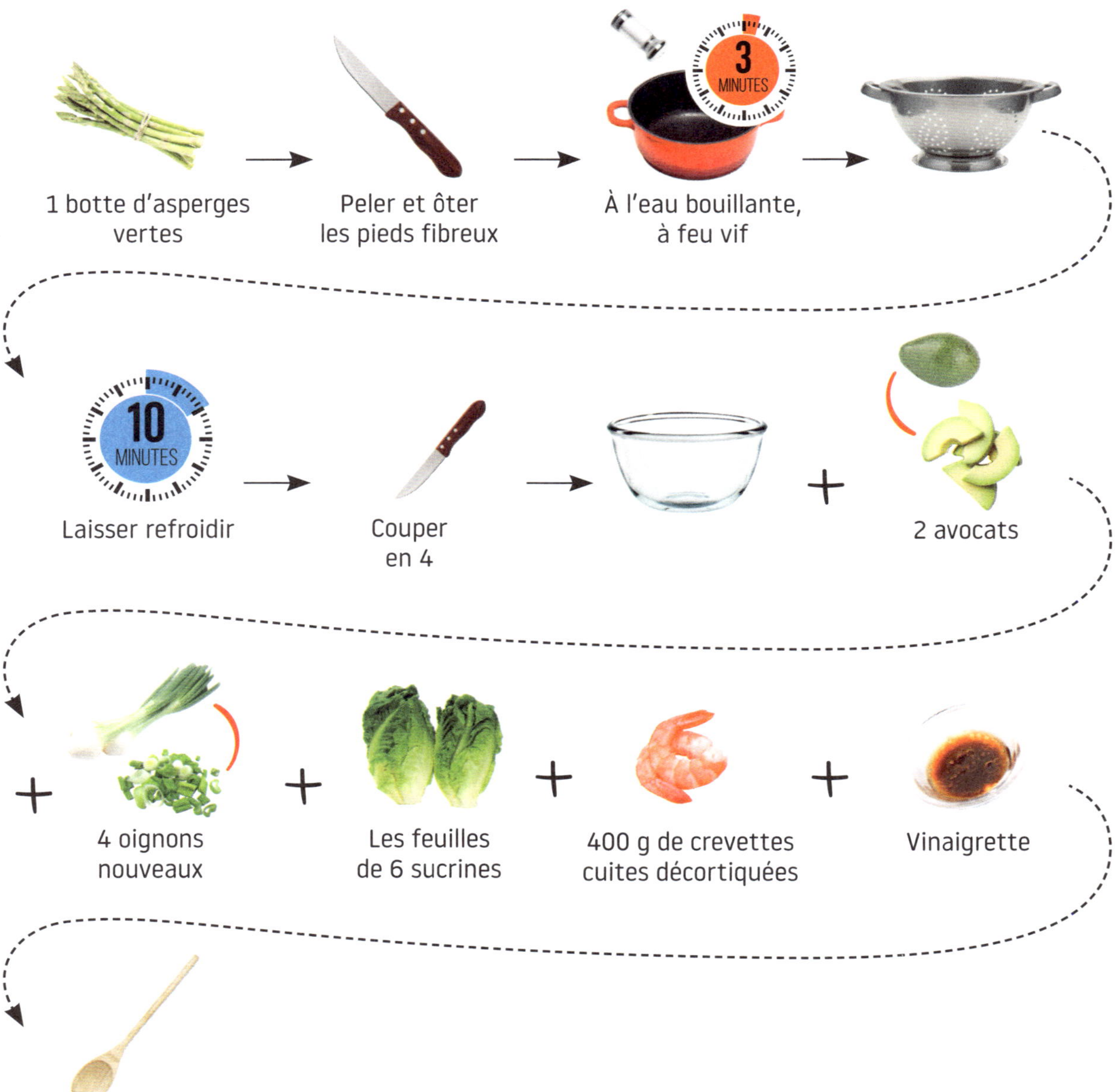

POUR 6 PERSONNES
PRÉPARATION : 15 MINUTES
CUISSON : 3 MINUTES
REPOS : 10 MINUTES

- 1 botte d'asperges vertes
- 2 avocats
- 4 oignons nouveaux
- 6 sucrines
- 400 g de crevettes cuites
- Vinaigrette

87 CREVETTES, BETTERAVE

et nems façon bo bun

4 carottes

+ 

4 c. à soupe de cassonade

+ 

4 c. à soupe de vinaigre de riz

+ 

2 c. à soupe de jus de citron vert

+ 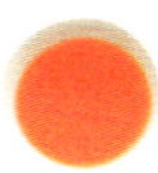

4 c. à soupe de sauce nuoc-mâm

+ 

4 c. à soupe d'eau

→ 

+ 

8 nems aux légumes cuits

+ 

500 g de vermicelles de riz cuits

+ 

1 betterave chioggia

+ 

2 sucrines

+ 

500 g de crevettes cuites décortiquées

+ 

Quelques feuilles de menthe

→ 

POUR 4 PERSONNES
PRÉPARATION : 20 MINUTES

- 4 carottes
- 4 c. à soupe de cassonnade
- 2 c. à soupe de jus de citron vert
- 4 c. à soupe de sauce nuoc-mâm
- 8 nems aux légumes cuits
- 500 g de vermicelles de riz cuits
- 1 betterave chioggia
- 2 sucrines
- 500 g de crevettes cuites
- Quelques feuilles de menthe
- Vinaigre de riz

88 MILLET, CREVETTES, *mangue, concombre et avocat*

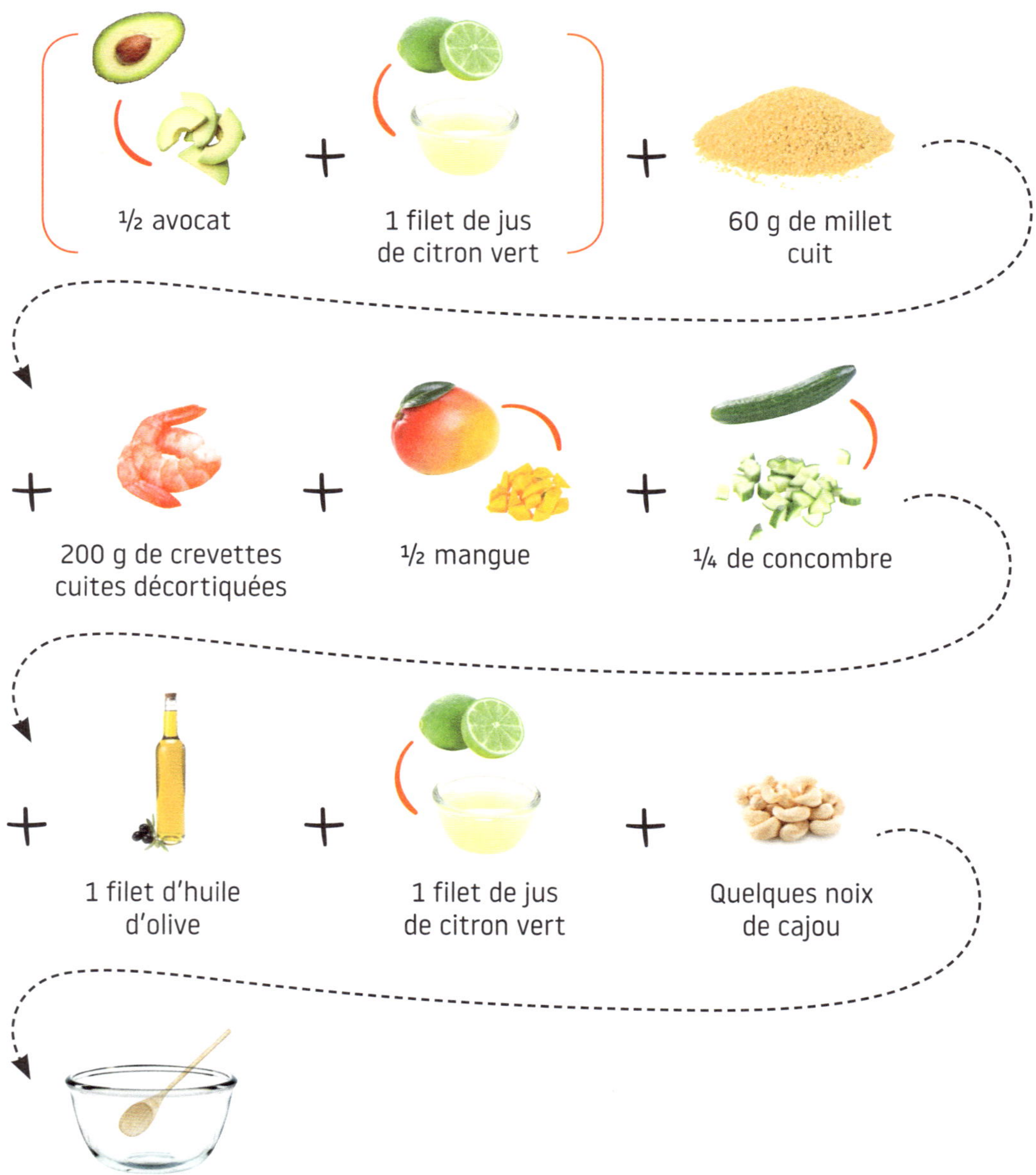

POUR 2 PERSONNES
PRÉPARATION : 10 MINUTES

- ½ avocat
- 2 filets de jus de citron vert
- 60 g de millet cuit
- 200 g de crevettes cuites
- ½ mangue
- ¼ de concombre
- Quelques noix de cajou
- Huile d'olive

89 SALADE DE CRABE
et vinaigrette citron-miel

Le jus et le zeste de 1 citron vert + 6 brins de menthe + 1 c. à soupe de rhum blanc (facultatif) + 3 c. à soupe de miel

+ 5 cl d'huile d'olive + ½ c. à café de fleur de sel +

+ ½ botte de radis + 150 g de mesclun + 2 avocats + 1 mangue

+ 2 boîtes de crabe

POUR 4 PERSONNES
PRÉPARATION : 15 MINUTES

- 1 citron vert
- 6 brins de menthe
- 1 c. à soupe de rhum blanc (facultatif)
- 3 c. à soupe de miel
- ½ botte de radis
- 150 g de mesclun
- 2 avocats
- 1 mangue
- 2 boîtes de crabe
- Huile d'olive
- Fleur de sel

90 SALADE DE FRUITS

au muesli

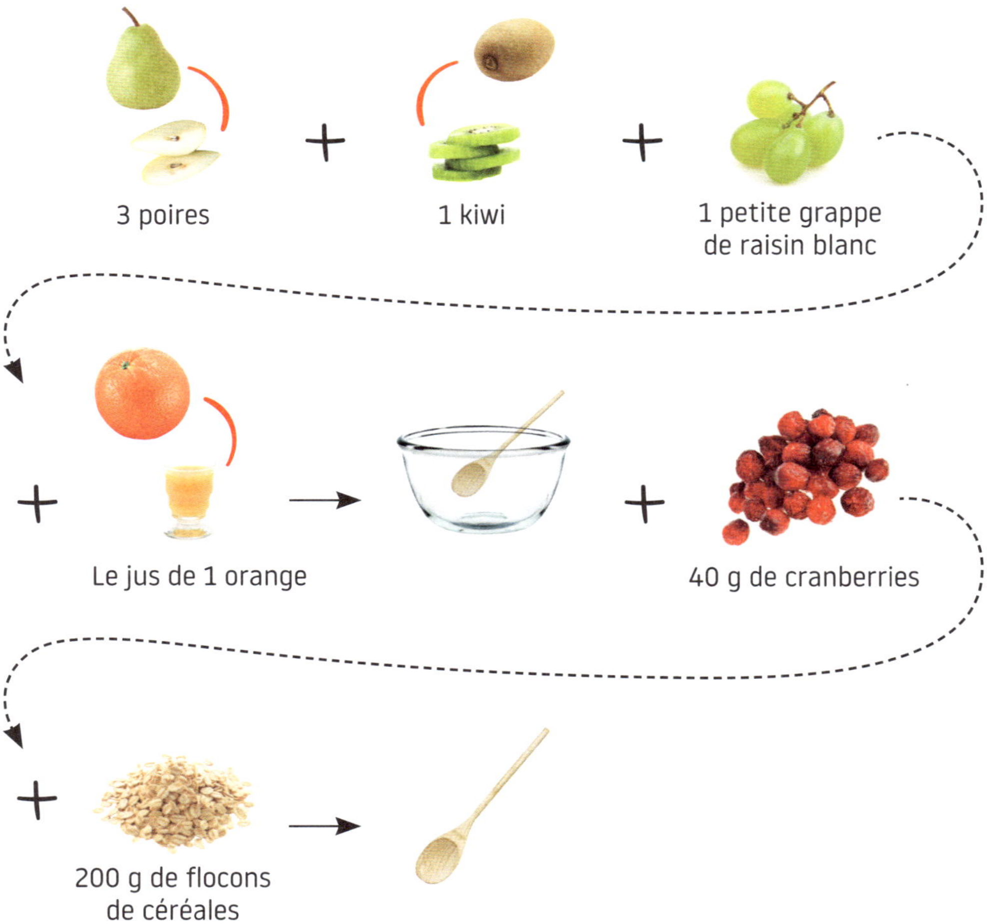

POUR 4 PERSONNES
PRÉPARATION : 15 MINUTES

- 3 poires
- 1 kiwi
- 1 petite grappe de raisin blanc
- 1 orange
- 40 g de cranberries
- 200 g de flocons de céréales

91 SALADE DE QUINOA

aux fruits rouges

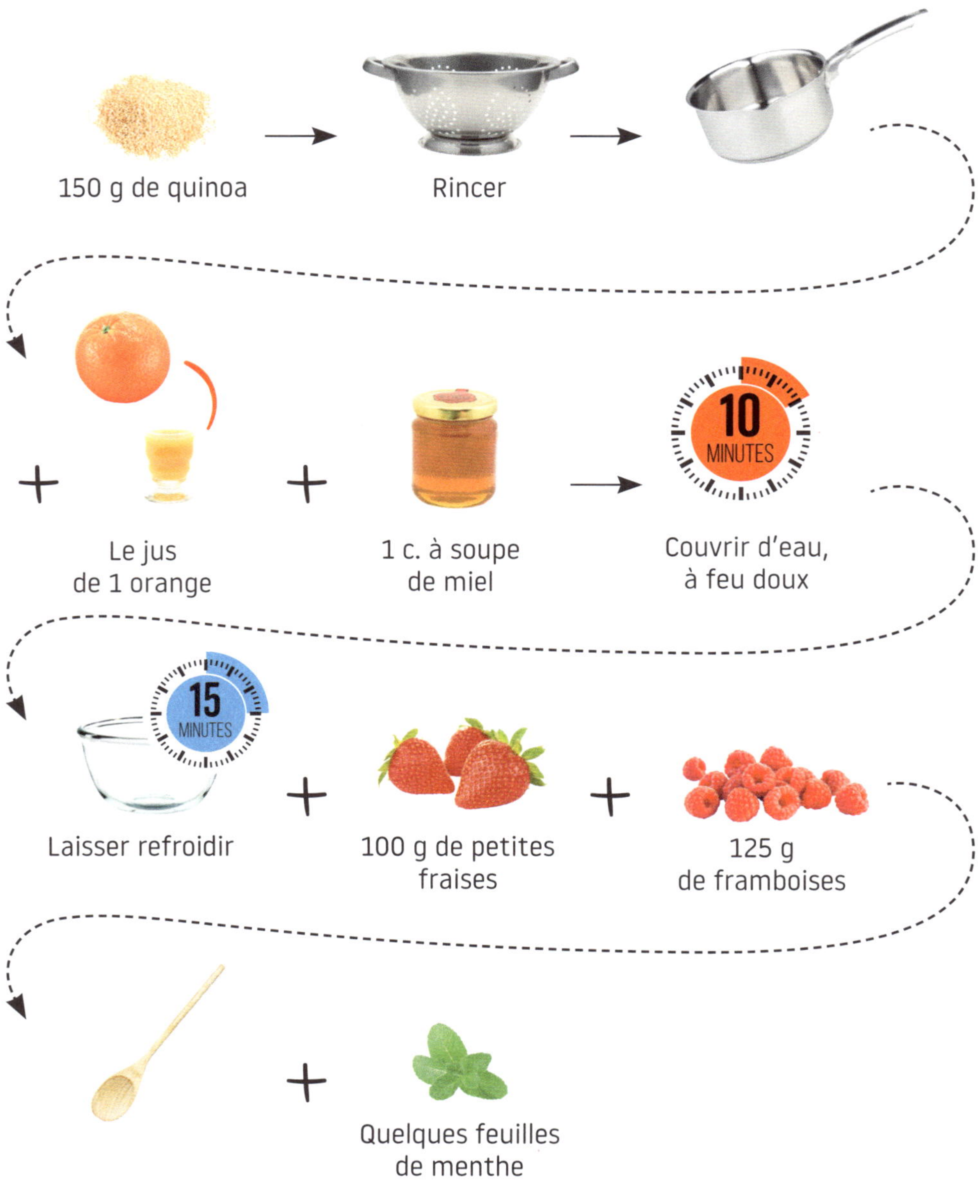

POUR 4 PERSONNES
PRÉPARATION : 15 MINUTES
CUISSON : 10 MINUTES
REPOS : 15 MINUTES

- 150 g de quinoa
- 1 orange
- 100 g de fraises
- 125 g de framboises
- 1 c. à soupe de miel
- Quelques feuilles de menthe

92 SALADE DE FRAISES, *concombre et menthe*

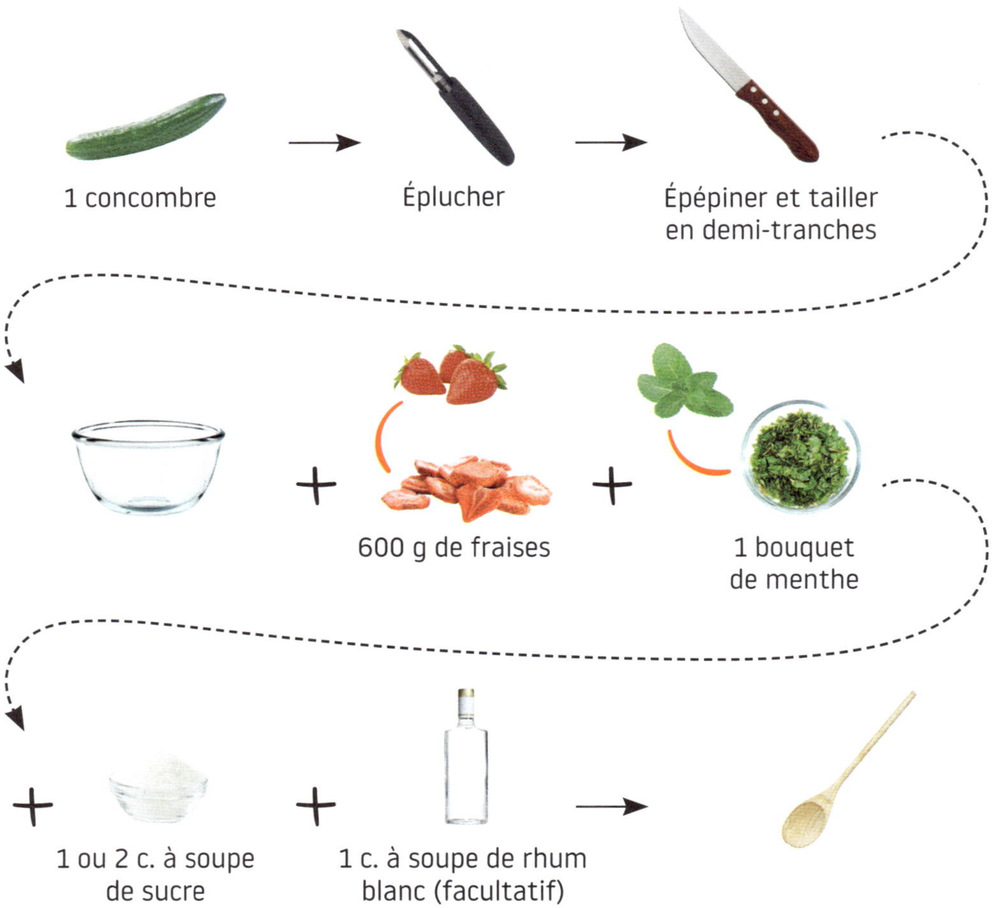

POUR 6 PERSONNES
PRÉPARATION : 15 MINUTES

- 1 concombre
- 600 g de fraises
- 1 bouquet de menthe
- 1 ou 2 c. à soupe de sucre
- 1 c. à soupe de rhum blanc (facultatif)

93 SALADE *mojito*

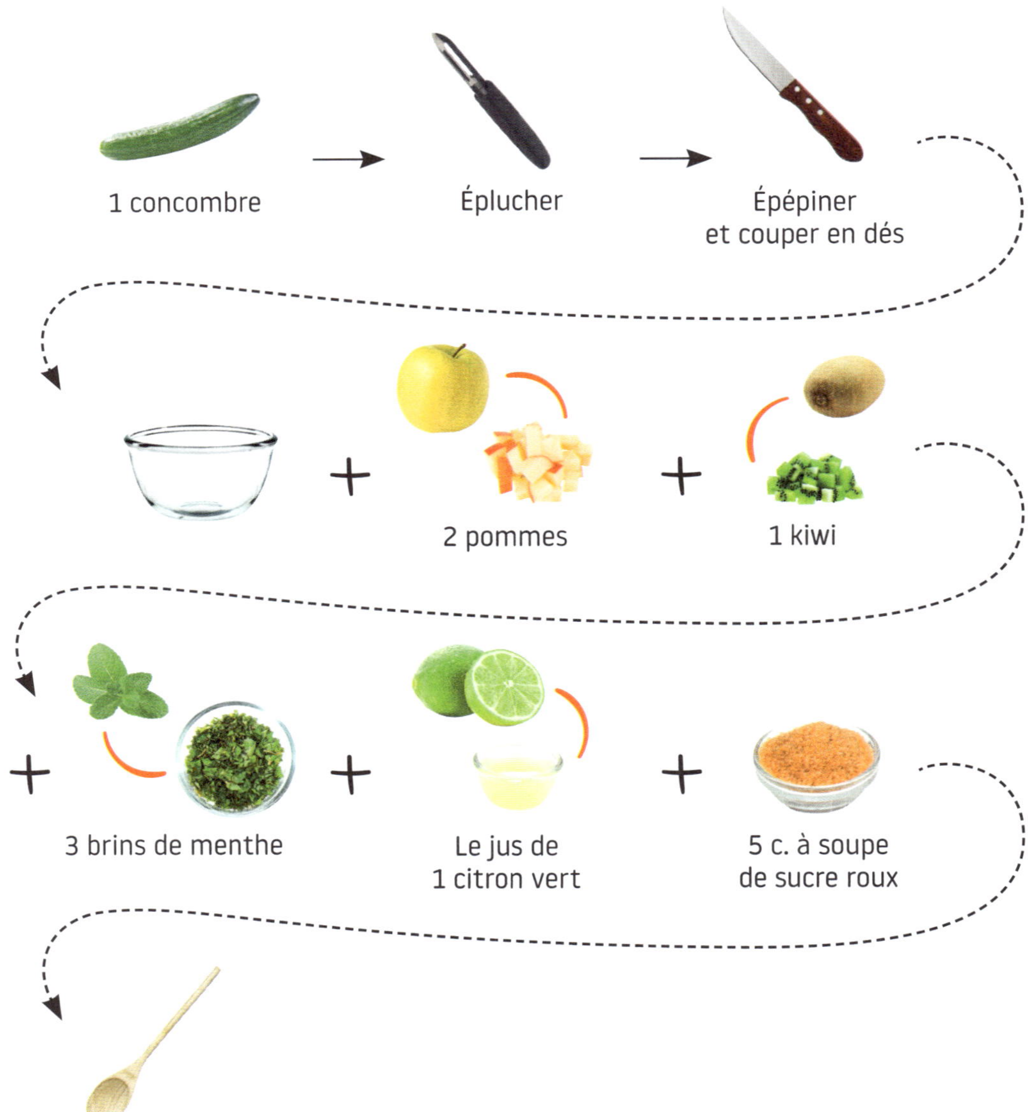

POUR 4 PERSONNES
PRÉPARATION : 20 MINUTES

- 1 concombre
- 2 pommes
- 1 kiwi
- 3 brins de menthe
- 1 citron vert
- 5 c. à soupe de sucre roux

94 SALADE D'ORANGES
aux brisures de meringue

4 oranges

→ 
Éplucher et couper en tranches

→ 

\+ 
150 g de groseilles

\+ 
15 petites meringues

→ 
Concasser

\+ 
1 poignée d'amandes effilées grillées

POUR 4 PERSONNES
PRÉPARATION : 15 MINUTES

- 4 oranges
- 150 g de groseilles
- 15 petites meringues
- 1 poignée d'amandes effilées

95 SALADE DE MELON
et de pastèque

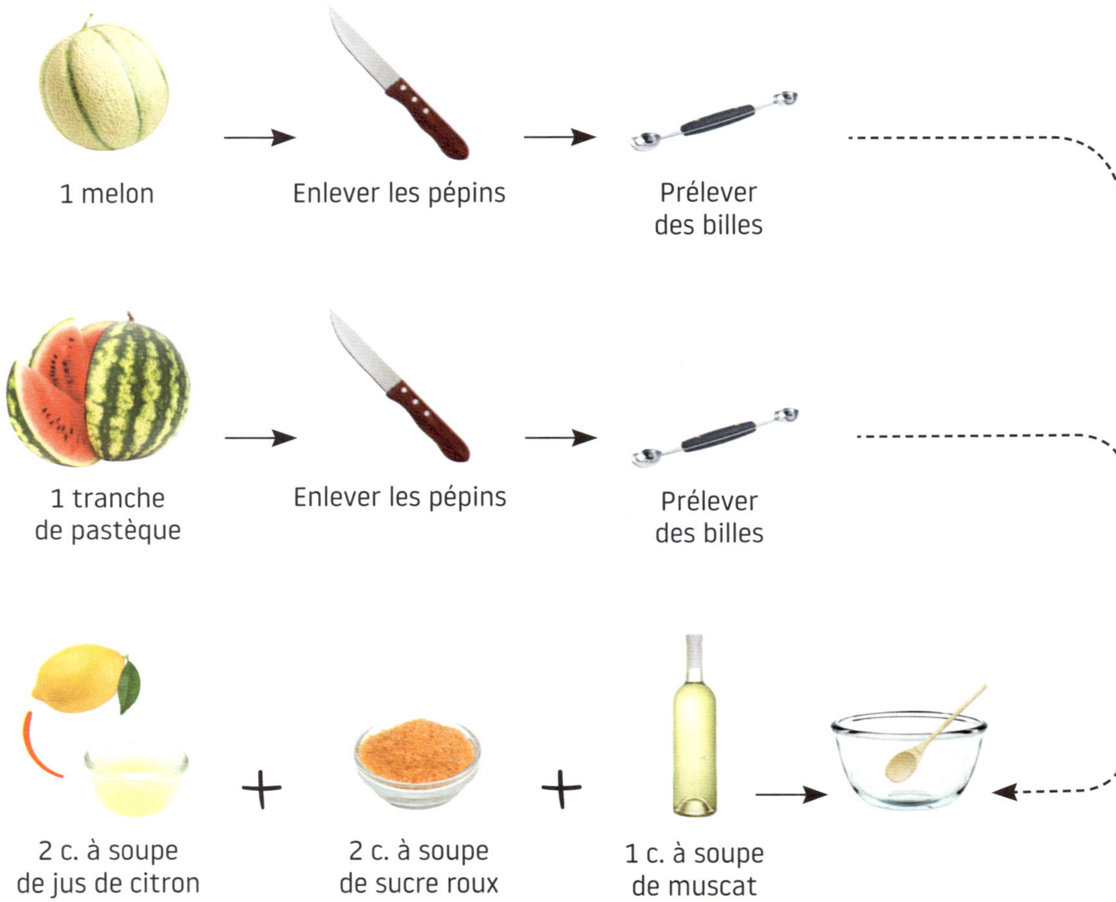

POUR 4 PERSONNES
PRÉPARATION : 10 MINUTES

- 1 melon
- 1 tranche de pastèque
- 2 c. à soupe de jus de citron
- 2 c. à soupe de sucre roux
- 1 c. à soupe de muscat

96 SALADE
de fruits d'été

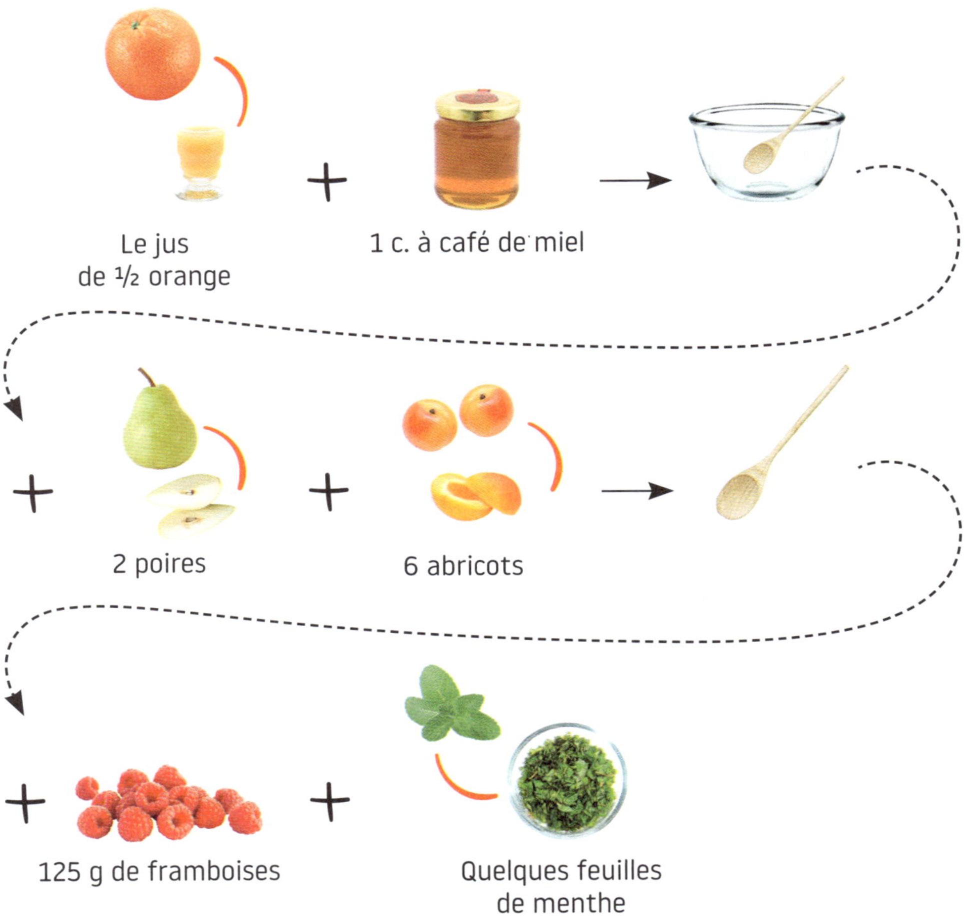

POUR 4 PERSONNES
PRÉPARATION : 15 MINUTES

- ½ orange
- 2 poires
- 6 abricots
- 125 g de framboises
- 1 c. à café de miel
- Quelques feuilles de menthe

97 SALADE *multivitaminée*

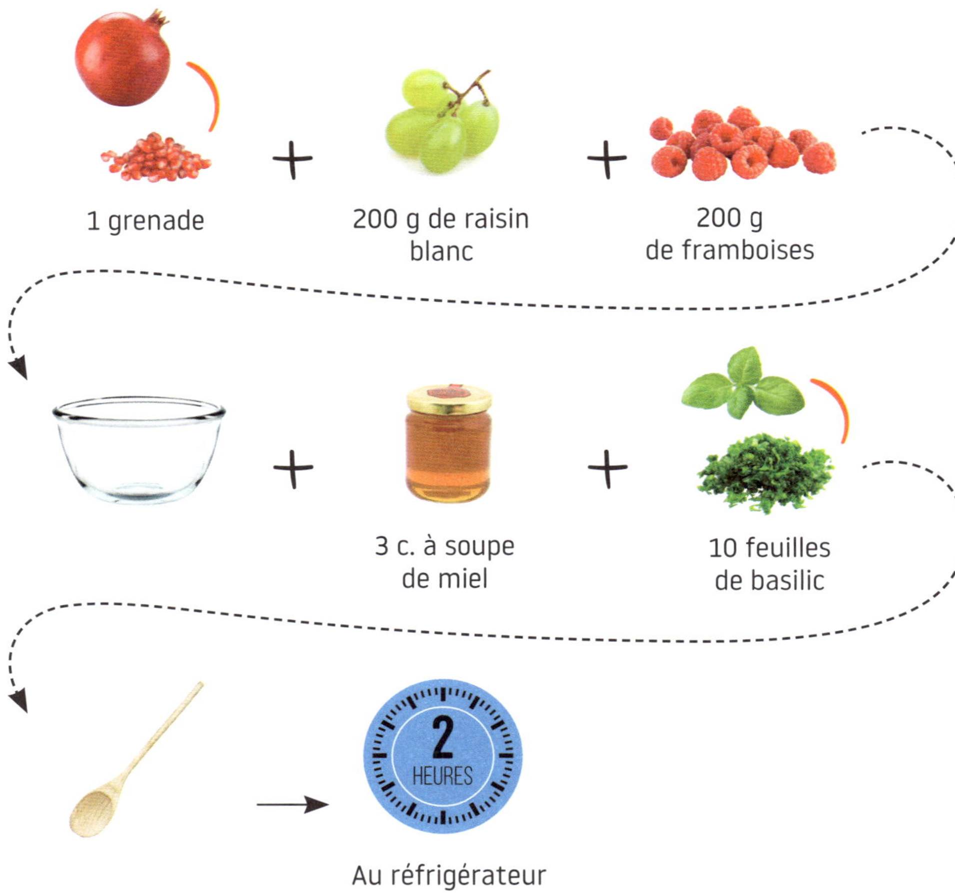

POUR 4 PERSONNES
PRÉPARATION : 10 MINUTES
REPOS : 2 HEURES

- 1 grenade
- 200 g de raisin blanc
- 200 g de framboises
- 3 c. à soupe de miel
- 10 feuilles de basilic

98 TAPIOCA
aux agrumes

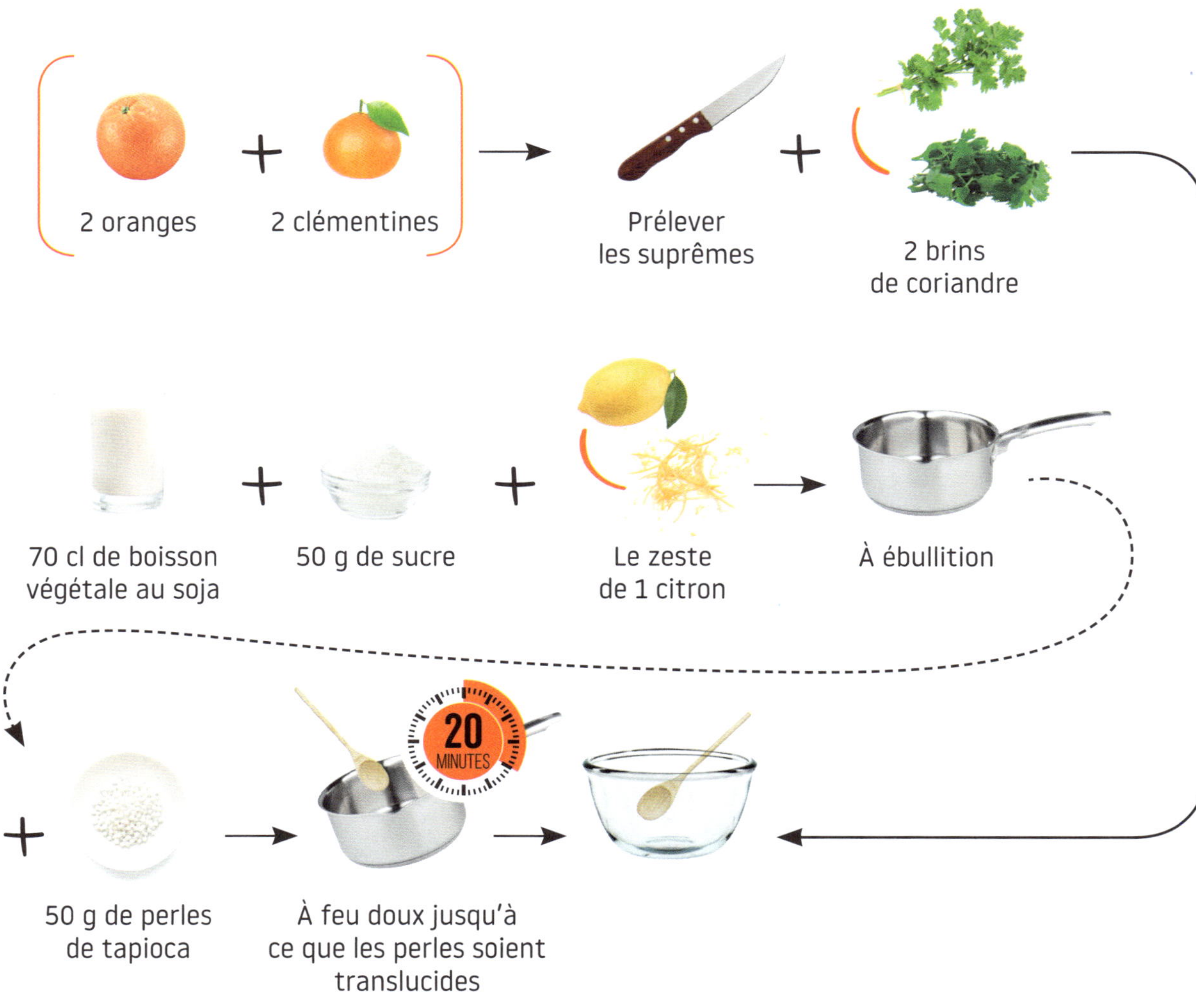

POUR 4 PERSONNES
PRÉPARATION : 15 MINUTES
CUISSON : 20 MINUTES

- 2 oranges
- 2 clémentines
- 2 brins de coriandre
- 70 cl de boisson végétale au soja
- 50 g de sucre
- 1 citron
- 50 g de perles de tapioca

99 SALADE DE FRAISES

à la chantilly et amandes grillées

POUR 4 PERSONNES
PRÉPARATION : 15 MINUTES
CUISSON : 5 MINUTES

- 60 g d'amandes effilées
- 25 cl de crème liquide
- 30 g de sucre
- 1 gousse de vanille
- 500 g de fraises
- Huile d'olive

100 NAGE D'AGRUMES *à la menthe*

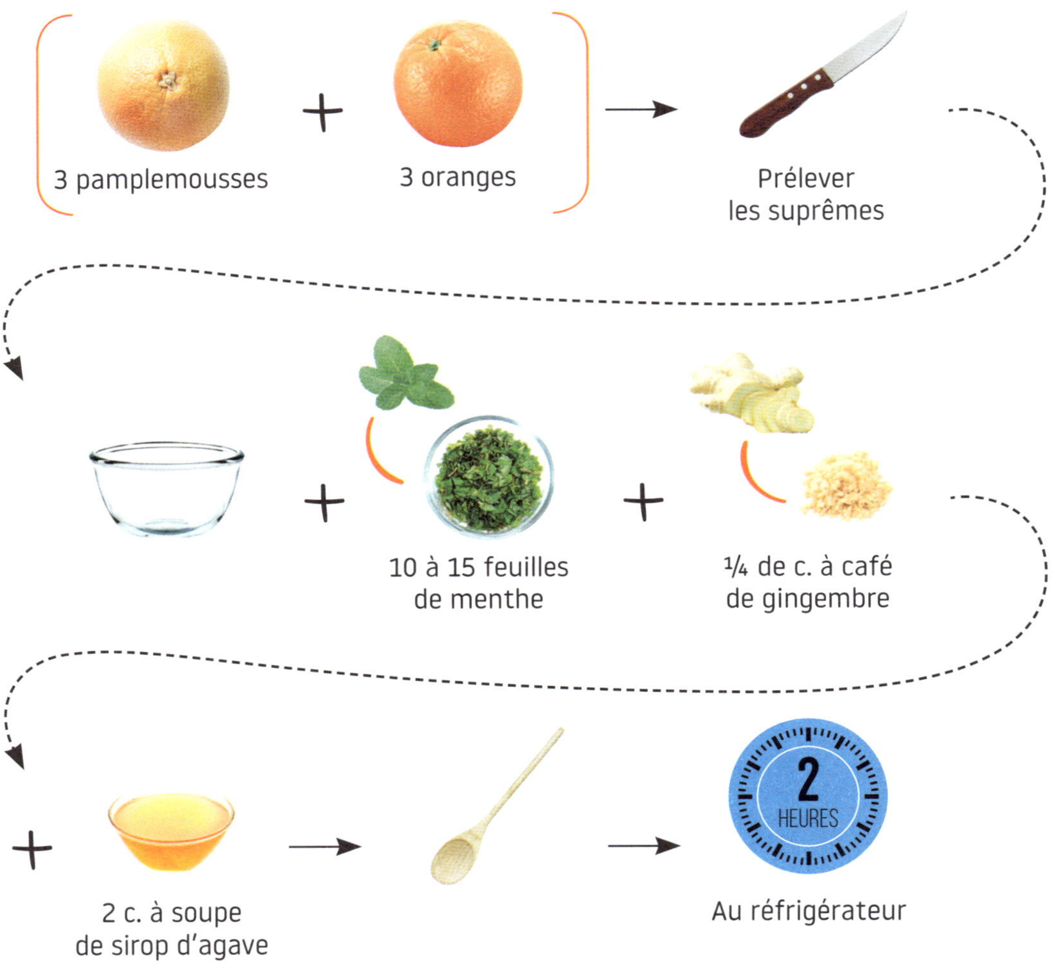

POUR 4 PERSONNES
PRÉPARATION : 10 MINUTES
REPOS : 2 HEURES

- 3 pamplemousses
- 3 oranges
- 10 à 15 feuilles de menthe
- ¼ de c. à café de gingembre
- 2 c. à soupe de sirop d'agave

INDEX DES RECETTES PAR INGRÉDIENT

ABRICOT
Salade de fruits d'été.....96

ABRICOT SEC
Salade de dinde aux fruits secs.....64
Salade tartare betteraves et chèvre.....40

AGAVE (SIROP D')
Nage d'agrumes à la menthe.....100

AGNEAU
Salade fattouche.....65

AIL
Boulgour, betterave et œufs mollets.....25
Crevettes grillées aux pêches et pistaches.....84
Kimchi coréen.....22
Pâtes, tomates, courgette, haricots et basilic.....27
Pois chiches, avocats et grenade, sauce au sésame.....29
Salade d'asperges, haricots et dinde.....62
Salade de pâtes aux betteraves et au poivron.....39
Salade de tomates à l'italienne.....20
Salade tiède toute verte.....35

AIL (SEMOULE)
Salade complète aux 3 féculents et 3 légumes.....17

ALFALFA (POUSSE D')
Pommes de terre et truite fumée.....73

AMANDE
Salade de fraises à la chantilly et amandes grillées.....99
Salade d'oranges aux brisures de meringue.....94

ANANAS
Poke dorade et ananas.....83
Salade de riz aux fruits exotiques.....24
Saumon mariné, chou rouge, ananas et edamames.....68

ANCHOIS
Salade de pâtes à la sicilienne.....82

ANETH
Salade d'avocat et agrumes.....04
Salade de choucroute crue et truite fumée.....72
Salade de riz rouge, saumon et fenouil.....66

ARTICHAUT
Salade antipasti express.....10

ASPERGE
Salade d'asperges, haricots et dinde.....62
Salade d'avocats, asperges et crevettes.....86
Salade vapeur cabillaud et asperges.....80

AVOCAT
Façon cobb salad.....60
Façon pad thaï au bœuf et crème d'avocat.....47
Mi-cuit de saumon, avocats et quinoa.....70
Millet, crevettes, mangue, concombre et avocat.....88
Pois chiches, avocats et grenade, sauce au sésame.....29
Pommes de terre et truite fumée.....73
Poulet, quinoa, avocat, citron et épinards.....58
Riz complet, carotte, avocat, houmous et courgette.....31
Salade complète aux 3 féculents et 3 légumes.....17
Salade d'avocat aux crevettes et à la mangue.....85
Salade d'avocat et agrumes.....04
Salade d'avocats, asperges et crevettes.....86
Salade de blé en herbes.....15
Salade de chou à l'avocat.....05
Salade de chou kale, avocat et noix.....36
Salade de crabe et vinaigrette citron-miel.....89
Salade de pois chiches à la feta et à l'avocat.....18
Salade tiède toute verte.....35
Tartare de saumon, crudités, riz blanc et avocats.....69
Tofu fumé, lentilles, patates douces et avocat.....30

BETTERAVE
Boulgour, betterave et œufs mollets.....25
Crevettes, betterave et nems façon bo bun.....87
Pois chiches au paprika, quinoa, œufs mollets et betterave.....28
Salade de lentilles, grenade, betterave, œufs durs.....38
Salade de pâtes aux betteraves et au poivron.....39
Salade tartare betteraves et chèvre.....40

BLÉ
Salade de blé en herbes.....15

BŒUF
Brochettes de keftas et salade de tomates.....41
Façon pad thaï au bœuf et crème d'avocat.....47
Salade de bœuf à l'asiatique.....45
Tagliata de bœuf.....44
Tataki de bœuf, quinoa et pamplemousse.....46
Wok de bœuf aux vermicelles et au brocoli.....42

BOULGOUR
Boulgour, betterave et œufs mollets.....25

BRESAOLA
Salade exotique bresaola et trévise.....54

BROCOLI
Pois chiches au paprika, quinoa, œufs mollets et betterave.....28

Salade de brocolis au wasabi 06
Wok de bœuf aux vermicelles et au brocoli 42

BUTTERNUT (COURGE)
Salade de courge aux noix de pécan et cranberries 07

CABILLAUD
Salade vapeur cabillaud et asperges 80

CACAHUÈTE
Façon pad thaï au bœuf et crème d'avocat 47
Salade bo bun 55
Salade d'avocat aux crevettes et à la mangue 85
Wok de bœuf aux vermicelles et au brocoli 42

CAILLE (ŒUFS DE)
Salade de chou à l'avocat 05
Salade tiède aux œufs de caille et au jambon 49

CAJOU (NOIX DE)
Millet, crevettes, mangue, concombre et avocat 88
Poulet mariné, pois gourmands, épinards et radis 59
Salade de chou à l'avocat 05

CANARD (GÉSIER DE)
Salade landaise 48

CANNELLE
Salade de carottes à l'orientale 23

CÂPRE
Salade antipasti express 10
Salade de haricots blancs aux carottes 08

CAROTTE
Crevettes, betterave et nems façon bo bun 87
Nouilles soba, thon mariné et crudités 77
Pommes de terre, petits pois et jambon 50
Riz complet, carotte, avocat, houmous et courgette 31
Salade bo bun 55
Salade complète aux 3 féculents et 3 légumes 17
Salade de carottes à l'orientale 23
Salade de chou à l'avocat 05
Salade de dinde aux fruits secs 64
Salade de haricots blancs aux carottes 08
Salade de la mer 79
Salade de lentilles aux œufs 12
Taboulé de maïs 02
Tartare de saumon, crudités, riz blanc et avocats 69
Tataki de bœuf, quinoa et pamplemousse 46

CASSONADE
Crevettes, betterave et nems façon bo bun 87

CÉRÉALE
Salade de fruits au muesli 90

CERFEUIL
Salade forestière au saucisson 51

CHAMPIGNON
Bowl dinde, pickles et champignons 63
Salade forestière au saucisson 51
Tartare de saumon, crudités, riz blanc et avocats 69

CHÈVRE (FROMAGE DE)
Salade de pâtes à la sicilienne 82
Salade sucrée-salée de pommes de terre et chèvre 14
Salade tartare betteraves et chèvre 40

CHOU
Kimchi coréen 22
Mi-cuit de saumon, avocats et quinoa 70
Salade à l'halloumi grillé 13
Salade de chou à l'avocat 05
Salade de chou kale, avocat et noix 36
Salade de saumon aux légumes d'hiver 67
Saumon mariné, chou rouge, ananas et edamames 68
Tataki de bœuf, quinoa et pamplemousse 46

CIBOULETTE
Bowl dinde, pickles et champignons 63
Lentilles, saumon fumé, œuf mollet et carmine 71
Pommes de terre et truite fumée 73
Pommes de terre, petits pois et jambon 50
Salade de blé en herbes 15
Salade de la mer 79
Salade de pot-au-feu 43
Salade tiède aux œufs de caille et au jambon 49
Salade tiède toute verte 35
Tataki de bœuf, quinoa et pamplemousse 46
Trio de haricots et sardines 81

CITRON
Poulet, quinoa, avocat, citron et épinards 58
Salade de riz aux fruits exotiques 24

CITRON CONFIT
Salade d'asperges, haricots et dinde 62

CITRON (JUS DE)
Boulgour, betterave et œufs mollets 25
Bowl dinde, pickles et champignons 63
Crevettes grillées aux pêches et pistaches 84
Façon cobb salad 60
Lentilles, saumon fumé, œuf mollet et carmine 71
Mi-cuit de saumon, avocats et quinoa 70
Nouilles soba, thon mariné et crudités 77
Pâtes, tomates, courgette, haricots et basilic 27
Poulet mariné, pois gourmands, épinards et radis 59
Riz complet, carotte, avocat, houmous et courgette 31
Salade d'avocat et agrumes 04
Salade de carottes à l'orientale 23
Salade de chou kale, avocat et noix 36
Salade de choucroute crue et truite fumée 72
Salade de melon et de pastèque 95
Salade de pois chiches à la feta et à l'avocat 18
Salade de sarrasin aux poivrons 34
Salade méchouia 21
Taboulé de maïs 02

CITRON (ZESTE DE)
Burrata verdura 11
Salade de pastèque, concombre et feta 33
Tapioca aux agrumes 98

CITRON VERT
Façon pad thaï au bœuf et crème d'avocat 47

CITRON VERT (JUS DE)
Crevettes, betterave et nems façon bo bun 87
Façon pad thaï au bœuf et crème d'avocat 47
Millet, crevettes, mangue, concombre et avocat 88

Salade de bœuf à l'asiatique 45
Salade de crabe et vinaigrette citron-miel 89
Salade de quinoa, oranges et grenade 37
Salade de riz aux fruits exotiques 24
Salade mojito 93
Saumon mariné, chou rouge, ananas et edamames 68

CITRON VERT (ZESTE DE)
Salade de crabe et vinaigrette citron-miel 89

CLÉMENTINE
Tapioca aux agrumes 98

CONCOMBRE
Lentilles, légumes du soleil et feta 26
Millet, crevettes, mangue, concombre et avocat 88
Nouilles soba, thon mariné et crudités 77
Pommes de terre et truite fumée 73
Salade bo bun 55
Salade de fraises, concombre et menthe 92
Salade de pastèque, concombre et feta 33
Salade fattouche 65
Salade mojito 93
Taboulé de semoule aux légumes 32
Tartare de saumon, crudités, riz blanc et avocats 69

CORIANDRE
Façon pad thaï au bœuf et crème d'avocat 47
Pois chiches au paprika, quinoa, œufs mollets et betterave 28
Poulet et pois chiches à la harissa 61
Poulet mariné, pois gourmands, épinards et radis 59
Poulet, quinoa, avocat, citron et épinards 58
Riz complet, carotte, avocat, houmous et courgette 31
Salade de bœuf à l'asiatique 45
Salade de carottes à l'orientale 23
Salade de haricots blancs aux carottes 08
Salade de pois chiches à la feta et à l'avocat 18
Taboulé de semoule aux légumes 32
Tapioca aux agrumes 98

CORNICHON
Pommes de terre, petits pois et jambon 50

Salade complète aux 3 féculents et 3 légumes 17
Salade de chou à l'avocat 05
Salade de poulet aux fromages 57

COURGE (GRAINE DE)
Salade d'endives au bleu et aux graines 16

COURGETTE
Façon cobb salad 60
Pâtes, tomates, courgette, haricots et basilic 27
Poke dorade et ananas 83
Riz complet, carotte, avocat, houmous et courgette 31
Salade de melon et courgettes 01
Salade de pâtes ensoleillées 52
Taboulé de maïs 02
Tagliatelles de courgettes carbonara 53

CRABE
Salade de crabe et vinaigrette citron-miel 89

CRANBERRY
Salade complète aux 3 féculents et 3 légumes 17
Salade de courge aux noix de pécan et cranberries 07
Salade de dinde aux fruits secs 64
Salade de fruits au muesli 90

CREVETTE
Crevettes grillées aux pêches et pistaches 84
Crevettes, betterave et nems façon bo bun 87
Millet, crevettes, mangue, concombre et avocat 88
Salade d'avocat aux crevettes et à la mangue 85
Salade d'avocats, asperges et crevettes 86

CUMIN
Pois chiches au paprika, quinoa, œufs mollets et betterave 28
Pois chiches, avocats et grenade, sauce au sésame 29
Poulet mariné, pois gourmands, épinards et radis 59
Salade de lentilles, grenade, betterave, œufs durs 38
Salade méchouia 21

DINDE
Bowl dinde, pickles et champignons 63

Salade d'asperges, haricots et dinde 62
Salade de dinde aux fruits secs 64

DORADE
Poke dorade et ananas 83

ÉCHALOTE
Bowl dinde, pickles et champignons 63
Lentilles, saumon fumé, œuf mollet et carmine 71
Salade de chou à l'avocat 05
Salade de la mer 79
Salade de thon 76

EDAMAME
Saumon mariné, chou rouge, ananas et edamames 68

ENDIVE
Salade d'endives au bleu et aux graines 16

ÉPINARD
Burrata verdura 11
Poulet mariné, pois gourmands, épinards et radis 59
Poulet, quinoa, avocat, citron et épinards 58
Tofu fumé, lentilles, patates douces et avocat 30

ESTRAGON
Salade de lentilles, grenade, betterave, œufs durs 38

FENOUIL
Salade de riz rouge, saumon et fenouil 66

FETA
Lentilles, légumes du soleil et feta 26
Salade de pastèque, concombre et feta 33
Salade de pois chiches à la feta et à l'avocat 18
Salade de quinoa aux tomates et à la feta 09
Salade de quinoa, oranges et grenade 37
Taboulé de quinoa 03

FIGUE
Salade aux poires et au gorgonzola 19

FOIE GRAS
Salade landaise 48

FRAISE
Salade de fraises à la chantilly et amandes grillées 99
Salade de fraises, concombre et menthe 92
Salade de quinoa aux fruits rouges 91

FRAMBOISE
Salade de fruits d'été 96
Salade de quinoa aux fruits rouges 91
Salade multivitaminée 97

FROMAGE AIL ET FINES HERBES
Tagliatelles de courgettes carbonara 53

FROMAGE FRAIS
Pommes de terre, petits pois et jambon 50

FRUIT DE LA PASSION
Salade de riz aux fruits exotiques 24

GINGEMBRE
Kimchi coréen 22
Nage d'agrumes à la menthe 100
Riz complet, carotte, avocat, houmous et courgette 31
Tartare de saumon, crudités, riz blanc et avocats 69
Tataki de bœuf, quinoa et pamplemousse 46

GORGONZOLA
Salade aux poires et au gorgonzola 19

GRENADE
Pois chiches, avocats et grenade, sauce au sésame 29
Salade de lentilles, grenade, betterave, œufs durs 38
Salade de quinoa, oranges et grenade 37
Salade multivitaminée 97

GROSEILLE
Salade d'oranges aux brisures de meringue 94

HALLOUMI
Salade à l'halloumi grillé 13

HARICOT BLANC
Salade de haricots blancs aux carottes 08
Trio de haricots et sardines 81

HARICOT MUNGO (POUSSE DE)
Façon pad thaï au bœuf et crème d'avocat 47
Salade de bœuf à l'asiatique 45
Tataki de bœuf, quinoa et pamplemousse 46

HARICOT PLAT
Salade tiède toute verte 35

HARICOT ROUGE
Pâtes, tomates, courgette, haricots et basilic 27
Salade complète aux 3 féculents et 3 légumes 17
Trio de haricots et sardines 81

HARICOT VERT
Salade complète aux 3 féculents et 3 légumes 17
Salade d'asperges, haricots et dinde 62
Salade de thon au quinoa, haricots verts et tomates 74
Trio de haricots et sardines 81

HARISSA
Poulet et pois chiches à la harissa 61

HOUMOUS
Riz complet, carotte, avocat, houmous et courgette 31

JAMBON
Pommes de terre, petits pois et jambon 50
Salade tiède aux œufs de caille et au jambon 49
Tagliatelles de courgettes carbonara 53

JAMBON CRU
Salade de pâtes ensoleillées 52

KIWI
Salade de fruits au muesli 90
Salade mojito 93

LENTILLE
Lentilles, légumes du soleil et feta 26
Lentilles, saumon fumé, œuf mollet et carmine 71
Salade de lentilles aux œufs 12
Salade de lentilles, grenade, betterave, œufs durs 38
Tofu fumé, lentilles, patates douces et avocat 30

LIN (GRAINE DE)
Lentilles, saumon fumé, œuf mollet et carmine 71

MAÏS
Salade de poulet aux fromages 57
Salade de riz et de thon sucrée-salée 75

MAÏS (SEMOULE DE)
Taboulé de maïs 02

MANGUE
Millet, crevettes, mangue, concombre et avocat 88
Salade d'avocat aux crevettes et à la mangue 85
Salade de crabe et vinaigrette citron-miel 89
Salade de riz aux fruits exotiques 24
Salade exotique bresaola et trévise 54

MAYONNAISE
Salade de brocolis au wasabi 06

MELON
Salade de melon et courgettes 01
Salade de melon et de pastèque 95

MENTHE
Brochettes de keftas et salade de tomates 41
Burrata verdura 11
Crevettes, betterave et nems façon bo bun 87
Nage d'agrumes à la menthe 100
Salade bo bun 55
Salade d'avocat et agrumes 04
Salade de crabe et vinaigrette citron-miel 89
Salade de fraises, concombre et menthe 92
Salade de fruits d'été 96
Salade de quinoa aux fruits rouges 91
Salade de quinoa aux tomates et à la feta 09
Salade fattouche 65
Salade mojito 93
Taboulé de maïs 02
Taboulé de semoule aux légumes 32

MERINGUE
Salade d'oranges aux brisures de meringue 94

MIEL
Bowl dinde, pickles et champignons 63
Poulet et pois chiches à la harissa 61

Salade de carottes à l'orientale 23
Salade de crabe et vinaigrette citron-miel 89
Salade de fruits d'été 96
Salade de quinoa aux fruits rouges 91
Salade multivitaminée 97

MILLET
Millet, crevettes, mangue, concombre et avocat 88

MOUTARDE
Pommes de terre et truite fumée 73
Pommes de terre, petits pois et jambon 50
Salade à l'halloumi grillé 13
Salade de riz aux fruits exotiques 24
Salade de riz et de thon sucrée-salée 75
Salade sucrée-salée de pommes de terre et chèvre 14

MOZZARELLA
Burrata verdura 11
Salade de tomates à l'italienne 20

NEM
Crevettes, betterave et nems façon bo bun 87
Salade bo bun 55

NOISETTE
Pommes de terre et truite fumée 73
Salade de choucroute crue et truite fumée 72

NOIX
Façon cobb salad 60
Salade à l'halloumi grillé 13
Salade de chou kale, avocat et noix 36
Salade de lentilles aux œufs 12
Salade landaise 48
Salade sucrée-salée de pommes de terre et chèvre 14
Salade tartare betteraves et chèvre 40

NOIX (HUILE DE)
Salade de lentilles aux œufs 12

NOUILLE SOBA
Nouilles soba, thon mariné et crudités 77

NUOC-MÂM (SAUCE)
Crevettes, betterave et nems façon bo bun 87
Kimchi coréen 22
Salade de bœuf à l'asiatique 45

ŒUF
Boulgour, betterave et œufs mollets 25
Lentilles, saumon fumé, œuf mollet et carmine 71
Pois chiches au paprika, quinoa, œufs mollets et betterave 28
Pommes de terre, petits pois et jambon 50
Salade de lentilles aux œufs 12
Salade de lentilles, grenade, betterave, œufs durs 38
Salade sucrée-salée de pommes de terre et chèvre 14

OIGNON
Salade de carottes à l'orientale 23
Salade méchouia 21
Taboulé de semoule aux légumes 32
Tagliatelles de courgettes carbonara 53

OIGNON NOUVEAU
Kimchi coréen 22
Nouilles soba, thon mariné et crudités 77
Riz complet, carotte, avocat, houmous et courgette 31
Salade d'avocat et agrumes 04
Salade d'avocats, asperges et crevettes 86
Salade de blé en herbes 15
Salade de tomates à l'italienne 20
Taboulé de maïs 02
Trio de haricots et sardines 81

OIGNON ROUGE
Brochettes de keftas et salade de tomates 41
Pois chiches, avocats et grenade, sauce au sésame 29
Salade de chou kale, avocat et noix 36
Salade de dinde aux fruits secs 64
Salade de haricots blancs aux carottes 08
Salade de melon et courgettes 01
Salade de pastèque, concombre et feta 33
Salade de pâtes aux betteraves et au poivron 39
Salade de pois chiches à la feta et à l'avocat 18
Salade de pois chiches au thon 78
Salade de pot-au-feu 43
Salade fattouche 65

OLIVE
Salade de pastèque, concombre et feta 33
Salade de pâtes à la sicilienne 82
Salade de poulet aux fromages 57
Salade de quinoa aux tomates et à la feta 09
Salade de thon au quinoa, haricots verts et tomates 74
Salade méchouia 21
Trio de haricots et sardines 81

ORANGE
Nage d'agrumes à la menthe 100
Salade d'avocat et agrumes 04
Salade d'oranges aux brisures de meringue 94
Salade de quinoa, oranges et grenade 37
Tapioca aux agrumes 98

ORANGE (JUS D')
Salade de carottes à l'orientale 23
Salade de fruits au muesli 90
Salade de fruits d'été 96
Salade de quinoa aux fruits rouges 91

ORANGE (ZESTE D')
Salade de carottes à l'orientale 23

PAIN
Salade de tomates à l'italienne 20

PAMPLEMOUSSE
Nage d'agrumes à la menthe 100
Salade d'avocat et agrumes 04

PAMPLEMOUSSE (JUS DE)
Tataki de bœuf, quinoa et pamplemousse 46

PAPRIKA
Pois chiches au paprika, quinoa, œufs mollets et betterave 28
Salade méchouia 21

PARMESAN
Pâtes, tomates, courgette, haricots et basilic 27
Salade antipasti express 10
Tagliata de bœuf 44

PASTÈQUE
Salade de melon et de pastèque 95
Salade de pastèque, concombre et feta 33

PATATE DOUCE
Tofu fumé, lentilles, patates douces et avocat 30

PÂTES
Burrata verdura 11
Pâtes, tomates, courgette, haricots et basilic 27
Salade complète aux 3 féculents et 3 légumes 17
Salade de pâtes à la sicilienne 82
Salade de pâtes au poulet et à la roquette 56
Salade de pâtes aux betteraves et au poivron 39
Salade de pâtes ensoleillées 52

PÉCAN (NOIX DE)
Salade aux poires et au gorgonzola 19
Salade de courge aux noix de pécan et cranberries 07

PÊCHE
Crevettes grillées aux pêches et pistaches 84

PERSIL
Pâtes, tomates, courgette, haricots et basilic 27
Pois chiches, avocats et grenade, sauce au sésame 29
Salade de haricots blancs aux carottes 08
Salade de lentilles aux œufs 12
Taboulé de quinoa 03

PETIT ÉPEAUTRE
Lentilles, légumes du soleil et feta 26

PETIT POIS
Burrata verdura 11
Pommes de terre, petits pois et jambon 50
Salade complète aux 3 féculents et 3 légumes 17
Salade tiède toute verte 35

PIGNON DE PIN
Salade antipasti express 10
Salade de pâtes ensoleillées 52

PIMENT
Poulet et pois chiches à la harissa 61
Salade de bœuf à l'asiatique 45

PISTACHE
Crevettes grillées aux pêches et pistaches 84
Salade de dinde aux fruits secs 64
Salade forestière au saucisson 51

PITA (PAIN)
Salade fattouche 65

POIRE
Salade aux poires et au gorgonzola 19
Salade de fruits au muesli 90
Salade de fruits d'été 96

POIREAU
Salade de saumon aux légumes d'hiver 67

POIS CHICHE
Pois chiches au paprika, quinoa, œufs mollets et betterave 28
Pois chiches, avocats et grenade, sauce au sésame 29
Poulet et pois chiches à la harissa 61
Riz complet, carotte, avocat, houmous et courgette 31
Salade de carottes à l'orientale 23
Salade de pois chiches à la feta et à l'avocat 18
Salade de pois chiches au thon 78

POIS GOURMAND
Poulet mariné, pois gourmands, épinards et radis 59

POIVRON
Façon cobb salad 60
Lentilles, légumes du soleil et feta 26
Poke dorade et ananas 83
Salade antipasti express 10
Salade de carottes à l'orientale 23
Salade de pâtes aux betteraves et au poivron 39
Salade de sarrasin aux poivrons 34
Salade méchouia 21
Taboulé de maïs 02
Tagliata de bœuf 44

POMME
Salade à l'halloumi grillé 13
Salade d'endives au bleu et aux graines 16
Salade de choucroute crue et truite fumée 72
Salade de riz et de thon sucrée-salée 75
Salade mojito 93

POMME DE TERRE
Pommes de terre et truite fumée 73
Pommes de terre, petits pois et jambon 50
Salade de saumon aux légumes d'hiver 67
Salade sucrée-salée de pommes de terre et chèvre 14
Salade tiède aux œufs de caille et au jambon 49

POULET
Façon cobb salad 60
Poulet et pois chiches à la harissa 61
Poulet mariné, pois gourmands, épinards et radis 59
Poulet, quinoa, avocat, citron et épinards 58
Salade de pâtes au poulet et à la roquette 56

POULET (JAMBON DE)
Salade de poulet aux fromages 57

QUINOA
Mi-cuit de saumon, avocats et quinoa 70
Pois chiches au paprika, quinoa, œufs mollets et betterave 28
Poulet mariné, pois gourmands, épinards et radis 59
Poulet, quinoa, avocat, citron et épinards 58
Salade de quinoa aux fruits rouges 91
Salade de quinoa aux tomates et à la feta 09
Salade de quinoa, oranges et grenade 37
Salade de thon au quinoa, haricots verts et tomates 74
Taboulé de quinoa 03
Tataki de bœuf, quinoa et pamplemousse 46

RADIS
Boulgour, betterave et œufs mollets 25
Bowl dinde, pickles et champignons 63
Nouilles soba, thon mariné et crudités 77
Poulet mariné, pois gourmands, épinards et radis 59
Salade de crabe et vinaigrette citron-miel 89
Salade vapeur cabillaud et asperges 80

RAIFORT
Salade de choucroute crue et truite fumée 72

RAISIN
Salade de fruits au muesli 90
Salade multivitaminée 97
Salade sucrée-salée de pommes de terre et chèvre 14

RAISIN SEC
Salade de carottes à l'orientale 23

RAS EL-HANOUT
Salade de carottes à l'orientale 23

RHUM BLANC
Salade de crabe et vinaigrette citron-miel 89
Salade de fraises, concombre et menthe 92

RIZ
Façon cobb salad 60
Poke dorade et ananas 83
Riz complet, carotte, avocat, houmous et courgette 31
Salade de riz aux fruits exotiques 24
Salade de riz et de thon sucrée-salée 75
Salade de riz rouge, saumon et fenouil 66
Saumon mariné, chou rouge, ananas et edamames 68
Tartare de saumon, crudités, riz blanc et avocats 69

RIZ (NOUILLE DE)
Façon pad thaï au bœuf et crème d'avocat 47

RIZ (VERMICELLE DE)
Crevettes, betterave et nems façon bo bun 87
Salade bo bun 55
Wok de bœuf aux vermicelles et au brocoli 42

ROQUEFORT
Façon cobb salad 60
Salade d'endives au bleu et aux graines 16

SALADE
Boulgour, betterave et œufs mollets 25
Bowl dinde, pickles et champignons 63
Crevettes, betterave et nems façon bo bun 87
Lentilles, légumes du soleil et feta 26
Lentilles, saumon fumé, œuf mollet et carmine 71
Mi-cuit de saumon, avocats et quinoa 70
Pommes de terre et truite fumée 73
Poulet et pois chiches à la harissa 61
Salade antipasti express 10
Salade aux poires et au gorgonzola 19
Salade bo bun 55
Salade complète aux 3 féculents et 3 légumes 17
Salade d'avocats, asperges et crevettes 86
Salade de courge aux noix de pécan et cranberries 07
Salade de crabe et vinaigrette citron-miel 89
Salade de dinde aux fruits secs 64
Salade de la mer 79
Salade de lentilles aux œufs 12
Salade de pâtes au poulet et à la roquette 56
Salade de pois chiches au thon 78
Salade de pot-au-feu 43
Salade de poulet aux fromages 57
Salade de thon 76
Salade exotique bresaola et trévise 54
Salade forestière au saucisson 51
Salade landaise 48
Salade tartare betteraves et chèvre 40
Tagliata de bœuf 44

SARDINE
Trio de haricots et sardines 81

SARRASIN
Salade de sarrasin aux poivrons 34

SAUCISSON
Salade forestière au saucisson 51

SAUMON
Mi-cuit de saumon, avocats et quinoa 70
Salade de saumon aux légumes d'hiver 67
Saumon mariné, chou rouge, ananas et edamames 68
Tartare de saumon, crudités, riz blanc et avocats 69

SAUMON FUMÉ
Lentilles, saumon fumé, œuf mollet et carmine 71
Salade de riz rouge, saumon et fenouil 66

SEMOULE
Taboulé de semoule aux légumes 32

SÉSAME (GRAINE DE)
Mi-cuit de saumon, avocats et quinoa 70
Salade à l'halloumi grillé 13
Saumon mariné, chou rouge, ananas et edamames 68
Taboulé de semoule aux légumes 32
Tartare de saumon, crudités, riz blanc et avocats 69

SÉSAME (HUILE DE)
Nouilles soba, thon mariné et crudités 77
Poke dorade et ananas 83
Riz complet, carotte, avocat, houmous et courgette 31
Salade bo bun 55
Salade tiède toute verte 35
Tartare de saumon, crudités, riz blanc et avocats 69
Tataki de bœuf, quinoa et pamplemousse 46

SOJA (BOISSON VÉGÉTALE AU)
Tapioca aux agrumes 98

SOJA (SAUCE)
Salade de la mer 79
Wok de bœuf aux vermicelles et au brocoli 42

SOJA SALÉE (SAUCE)
Façon pad thaï au bœuf et crème d'avocat 47
Nouilles soba, thon mariné et crudités 77
Riz complet, carotte, avocat, houmous et courgette 31
Saumon mariné, chou rouge, ananas et edamames 68
Tartare de saumon, crudités, riz blanc et avocats 69
Tataki de bœuf, quinoa et pamplemousse 46
Tofu fumé, lentilles, patates douces et avocat 30

SOJA SUCRÉE (SAUCE)
Poke dorade et ananas 83

SWEET CHILI (SAUCE)
Kimchi coréen 22

TAHIN (PURÉE DE SÉSAME)
Boulgour, betterave et œufs mollets 25
Pois chiches, avocats et grenade, sauce au sésame 29

TAPIOCA (PERLE DE)
Tapioca aux agrumes 98

TERIYAKI (SAUCE)
Poke dorade et ananas 83

THON AU NATUREL
Salade de la mer 79
Salade de pois chiches au thon 78
Salade de riz et de thon sucrée-salée 75
Salade de thon 76
Salade de thon au quinoa, haricots verts et tomates 74

THON (PAVÉ DE)
Nouilles soba, thon mariné et crudités 77

TOFU
Salade de blé en herbes 15
Tofu fumé, lentilles, patates douces et avocat 30

TOMATE
Pâtes, tomates, courgette, haricots et basilic 27
Salade antipasti express 10
Salade de pâtes à la sicilienne 82
Salade de quinoa aux tomates et à la feta 09
Salade de tomates à l'italienne 20
Salade fattouche 65
Salade méchouia 21

TOMATE CERISE
Brochettes de keftas et salade de tomates 41
Façon cobb salad 60
Lentilles, légumes du soleil et feta 26
Poulet, quinoa, avocat, citron et épinards 58
Salade de blé en herbes 15
Salade de pâtes ensoleillées 52
Salade de thon 76
Salade de thon au quinoa, haricots verts et tomates 74
Salade vapeur cabillaud et asperges 80
Taboulé de maïs 02
Taboulé de quinoa 03
Taboulé de semoule aux légumes 32

TOMATE CONFITE
Salade de pâtes au poulet et à la roquette 56

TOMATE SÉCHÉE
Taboulé de quinoa 03

TOURNESOL (GRAINE DE)
Riz complet, carotte, avocat, houmous et courgette 31
Salade d'endives au bleu et aux graines 16

TRUITE FUMÉE
Pommes de terre et truite fumée 73
Salade de choucroute crue et truite fumée 72

VANILLE (GOUSSE DE)
Salade de fraises à la chantilly et amandes grillées 99

VINAIGRE
Salade de thon au quinoa, haricots verts et tomates 74
Salade sucrée-salée de pommes de terre et chèvre 14

VINAIGRE BALSAMIQUE
Lentilles, légumes du soleil et feta 26
Mi-cuit de saumon, avocats et quinoa 70
Salade de la mer 79
Salade de melon et courgettes 01
Salade de pâtes au poulet et à la roquette 56
Salade de thon 76

VINAIGRE DE CIDRE
Bowl dinde, pickles et champignons 63
Salade de lentilles, grenade, betterave, œufs durs 38
Salade de pois chiches au thon 78

VINAIGRE DE FRAMBOISE
Salade de pâtes aux betteraves et au poivron 39
Salade exotique bresaola et trévise 54

VINAIGRE DE RIZ
Crevettes, betterave et nems façon bo bun 87
Poke dorade et ananas 83
Saumon mariné, chou rouge, ananas et edamames 68
Tartare de saumon, crudités, riz blanc et avocats 69

VINAIGRE DE VIN
Salade de riz rouge, saumon et fenouil 66
Salade de tomates à l'italienne 20

VINAIGRE DE XÉRÈS
Pommes de terre et truite fumée 73
Salade à l'halloumi grillé 13
Salade landaise 48

VINAIGRETTE
Brochettes de keftas et salade de tomates 41
Burrata verdura 11
Lentilles, saumon fumé, œuf mollet et carmine 71
Salade antipasti express 10
Salade complète aux 3 féculents et 3 légumes 17
Salade d'avocats, asperges et crevettes 86
Salade de blé en herbes 15
Salade de chou à l'avocat 05
Salade de dinde aux fruits secs 64
Salade de haricots blancs aux carottes 08
Salade de poulet aux fromages 57
Salade fattouche 65
Salade forestière au saucisson 51
Salade landaise 48
Salade tartare betteraves et chèvre 40
Salade vapeur cabillaud et asperges 80
Taboulé de quinoa 03
Trio de haricots et sardines 81

VINAIGRETTE À LA MOUTARDE
Salade d'endives au bleu et aux graines 16
Salade de choucroute crue et truite fumée 72
Salade de pot-au-feu 43
Salade de saumon aux légumes d'hiver 67
Salade tiède aux œufs de caille et au jambon 49
Tagliata de bœuf 44

VINAIGRETTE À L'HUILE DE NOIX
Salade d'avocat aux crevettes et à la mangue 85

VINAIGRETTE AU BALSAMIQUE
Salade aux poires et au gorgonzola 19
Salade de courge aux noix de pécan et cranberries 07
Salade de pâtes ensoleillées 52

VINAIGRETTE AU CITRON
Salade de pois chiches à la feta et à l'avocat 18

WASABI (PÂTE DE)
Salade de brocolis au wasabi 06

WASABI (PETIT POIS AU)
Salade de brocolis au wasabi 06

YAOURT BRASSÉ
Salade de riz rouge, saumon et fenouil 66

YAOURT GREC
Boulgour, betterave et œufs mollets 25
Bowl dinde, pickles et champignons 63

YAOURT NATURE
Salade de riz et de thon sucrée-salée 75

CRÉDITS DES RECETTES

© Bérangère Abraham : 32, 41, 84, 99 / © Séverine Augé : 89 / © Anna Austruy : 02, 03, 05, 16, 17, 23, 50, 53, 57, 73, 76, 79, 81 / © Amandine Bernardi : 25, 26, 83, 88 / © Blandine Boyer : 21, 22 / © Audrey Cosson : 46, 62, 63, 70, 71 / © Camille Depraz : 01 / © Pauline Dubois : 08, 39, 69, 87 / © Marine Durand : 29, 35, 47 / © Coralie Ferreira : 04, 09, 20, 38, 98 / © Fond Larousse : 12, 48, 82, 86 / © Élisabeth Guédès : 59 / © Delphine Lebrun : 28, 30, 68, 77 / © Anne Loiseau : 06, 10, 11, 15, 18, 19, 33, 40, 42, 44, 49, 51, 52, 55, 64, 65, 67, 80, 92, 93, 94 / © Mélanie Martin : 43 / © Géraldine Olivo : 07 / © Quitterie Pasquesoone : 27, 31, 58, 60 / © Clémence Roquefort : 13, 14, 24, 36, 37 / © Noémie Strouk : 54, 75, 78, 97, 100 / © Pierre-Louis Viel : 61 / © Béatrice Vigot-Lagandré : 34, 45, 56, 66, 72, 74, 85, 90, 91, 95, 96.

CRÉDITS DES PHOTOGRAPHIES

© Fabrice Besse : 01, 32 / © Aimery Chemin : 04, 09, 20, 38, 98 / © Emmanuela Cino : 06, 42, 92 / © Delphine Constantini : 10, 11, 15, 19, 33, 40, 44, 49, 51, 52, 55, 64, 65, 67, 80, 93, 94 / © Charly Deslandes : 25, 26, 83, 88, 89 / © Valéry Drouet : 61 / © Sophie Dumont : 02, 28, 30, 53, 68, 77, 79 / © Virginie Garnier : 62 / © Myriam Gauthier-Moreau : 34, 72, 85 / © Claudia Gödke : 46, 63, 70, 71 / © Valéry Guédès : 59 / © Amandine Honegger : 12, 18, 45, 48, 56, 66, 74, 82, 86, 90, 91, 95, 96 / © Marie-José Jarry : 41, 84, 99 / © Aurélie Jeannette : 27, 31, 58, 60 / © Emmanuelle Levesque : 03, 05, 16, 17, 23, 50, 57, 73, 76, 81 / © Olivier Ploton : 07, 13, 14, 21, 22, 24, 36, 37, 43, 54, 75, 78, 97 / © Fabrice Veigas : 08, 29, 35, 39, 47, 69, 87, 100

Direction de la publication : Isabelle Jeuge-Maynart et Ghislaine Stora
Direction éditoriale : Émilie Franc et Julie Martin
Direction artistique : Géraldine Lamy
Édition : Evanne Darchy, assistée de Marine Lesauvage et Camille Tondeur
Relecture : Fanny Delahaye
Couverture : Paul Godot
Conception graphique : Valentine Antenni
Mise en page : Bertrand Loquet
Fabrication : Laëtitia Messadene

Les Éditions Larousse utilisent des papiers composés de fibres naturelles, renouvelables, recyclables et fabriquées à partir de bois issus de forêts qui adoptent un système d'aménagement durable. En outre, les Éditions Larousse attendent de leurs fournisseurs de papier qu'ils s'inscrivent dans une démarche de certification environnementale reconnue.

21 rue du Montparnasse
75006 Paris
ISBN : 978-2-03-606397-6
Photogravure : Chromostyle
Imprimé en Espagne par Estella Graficas
Dépôt légal : mai 2024
336020/01 - 11054947 – février 2024

PAPIER À BASE DE FIBRES CERTIFIÉES

LAROUSSE s'engage pour l'environnement en réduisant l'empreinte carbone de ses livres. Celle de cet exemplaire est de :
1,6 kg éq. CO_2
Rendez-vous sur www.larousse-durable.fr